THÈSE

POUR LE DOCTORAT,

SOUTENUE

DEVANT LA FACULTÉ DE DROIT DE PARIS

LE 29 AOUT 1845,

PAR

Joseph-Victor-Ernest CHAUDÉ,

avocat.

PARIS,

IMPRIMERIE DE BOURGOGNE ET MARTINET,

RUE JACOB, 30.

1845.

THÈSE

POUR LE DOCTORAT.

FACULTÉ DE DROIT DE PARIS.

THÈSE

POUR

LE DOCTORAT.

L'acte public sur les matières ci-après sera soutenu,

le 29 août 1845, à dix heures,

Par **Joseph-Victor-Ernest CHAUDÉ,**

AVOCAT.

Président, M. OUDOT, Professeur.

Suffragants,	MM. DUCAURROY,	Professeurs.
	ORTOLAN,	
	PERREYVE,	
	VUATRIN,	Suppléant.

Le candidat répondra en outre aux questions qui lui seront faites sur les autres matières de l'enseignement.

PARIS,

IMPRIMERIE DE BOURGOGNE ET MARTINET,

RUE JACOB, 30.

1845.

A mon Père, à ma Mère.

« Ce sont icy mes opinions : ie les donne pour ce qui est
» en ma créance, non pour ce qui est à croire ; ie ne vise
» icy qu'à descouvrir moy mesme, qui serai par adventure
» aultre demain, si nouvel apprentissage me change. »

MICHEL MONTAIGNE, *Essais*, liv. I, chap. II, p. 225.

JUS ROMANUM.

De verborum obligationibus.

(Dig. lib. XLV, tit. 1.)

De obligationibus. — Obligatio est vinculum juris quo necessitate adstringimur alicujus solvendæ rei, secundum nostræ civitatis jura (1). Obligationum substantia non in eo consistit ut aliquod corpus nostrum, aut servitutem nostram faciat, sed ut alium nobis obstringat ad dandum aliquid, vel faciendum vel præstandum (2). Nullum jus in re producit obligatio, sed tantum jus cogendi debitoris ad dandum, ad faciendum, ad præstandum. Omnia verba quæ debitoris et creditoris relationem significant vinculi cujusdam notionem animo præbent : nexus, nectere; contrahere, contractus; obligare, obligatio; denique, solvere, solutio. Omnis obligatio ex facto nascitur; quod quidem factum, vel conventum vel nocens facinus esse potest. Cæterum omni juri romano consentaneum erat paucas agnoscere obligationes, severas exigere formas, rigidosque inde trahere effectus. Sensim jus civile, utilitatis habitâ ratione, plures conventiones contractuum numero adscripsit. Sic admissis obligationibus, quæ re contrahuntur, paulatim admissa obliga-

(1) Inst. lib. 3, tit. XIV, pr. *De oblig.*
(2) Paul. l. 3, pr. ff. *De oblig. et act.*

tiones, quæ verbis, litteris, imo quædam, quæ consensu solo contrahuntur.

Item de obligationibus quæ nascuntur ex nocenti facinore. Hactenus jus civile : operis perficiendi causâ, prætori atque imperatori necesse fuit vim ac potestatem dare quibusdam aliis conventis, quæ nunquam ad contractuum dignitatem evecta sunt. Quare fas dicere obligationes aut ex contractu nasci, aut ex maleficio, aut proprio quodam jure ex variis causarum figuris (1). Justinianus vero, rem interpretatus, dixit : Aut ex contractu, aut quasi ex contractu, aut ex maleficio, aut quasi ex maleficio.

Quod ad nos attinet, dicendum de primo obligationum fonte, id est, de obligationibus, quæ ex contractu nascuntur. Verum supra dictum obligationes illas re, verbis, litteris, consensu contrahi, inter quas disserendum de verborum obligationibus quæ sunt copiosissima contractuum supellex.

Omnes contractus ex consensu oriuntur : semper enim in unam sententiam decurrere debet voluntas. At non uno illo consensu opus est ut fiat contractus : sæpe etiam aliquid dare aut facere debemus, aut voluntatem verbis litterisve significare.

Quibus modis fit stipulatio? — Modus, quo fit verborum obligatio, vocatur stipulatio. Reipsa stipulatio non est contractus; sed potius forma contrahendi, quæ adhibetur ad stabiliendas conventiones (2). Titulus de verborum obligationibus procul a cæteris stricti juris contractibus locum habet, qui Pandectæ ordinem edicti prætoris sequuntur. Prætoris autem in edicto, stipulatio via est obtinendi actionem quam abnuit jus civile.

Stipulatio vero virtutem confert pactionibus, actione destitutis, firmioremque facit contractum, ad quem accedit. Videamus ergo quibus modis fiat stipulatio.

Verbis obligatio fit interrogatione et responsione, cum quid dari fierive nobis stipulamur (3). Ante Leonem imperatorem, sacratæ voces erant : dein vero, stipulatio valuit dummodo uterque con-

(1) Gaius. l. 1 pr. ff. *De oblig. et act.*
(2) Paul. Sent. lib. 5, tit. VII, § 1.
(3) Gaius. inst. 3. 92 — ff. l. 1. § 7. *De oblig. et act.*

senserit, qualescumque fuerint voces, si vel minimum interrogatio et responsio utrinque audita sint. Manifestum ergo, neque a muto, neque a surdo, neque ab infante, neque ab absente ullo, stipulationem contrahi posse. His vero proximus est, qui ejus ætatis est, ut nondum intelligat quid agatur. Sed benevolentiâ acceptum illi, qui fari poterat, stipulari et promittere fas esse (1). Antea discernebatur utrùm pupillus infantiæ an pubertati proximus esset; sic inutiles vitatæ ambages. Si stipulatus meliorem suam facit conditionem; si vero promiserit, non auctore tutore, non obligatus fuerit. Non item de filio familias, cujus res consentit cum re parentis. Attamen, ubi fari, tunc recte stipulari potest : sed non prius obligari, quam pubertatis ætatem præterierit; namque impubes, et illi quidem filii familias, ne auctore quidem patre, obligantur (2).

Puberes sine curatoribus suis possunt ex stipulata obligari (3) : minores viginti quinque annos nati, curatorem plerumque habent, sine quo obligari possunt : constitutione tamen quâdam dictum, si minor viginti quinque annos natus rem vendiderit, hunc contractum non servandum esse : namque, cum curator ei est, non discrepat ab interdicto bonis, curatore a prætore dato. Quod quidem exceptum forsan ad venditionem : venditio enim rerum pupillorum cæteris actis difficilior. A Septimo Severo sancitum, magistratuum consensum necessarium esse, ut vendantur rustica bona : nihilominus stat, minorem viginti quinque annos natum, obligari posse : etenim, si in jus agatur, perficiendæ obligationis causâ, restitutionem in integrum postulabit : verum alienatio maximum ei damnum afferret.

Stipulatio sine re valere non potest. Quare si id quod dari stipulamur ejusmodi est ut dari non possit, inutilis fit stipulatio (4); at stipulari possumus, quod nondum exstat, ut fructus futuros : tunc stipulatio utilis, sub ea conditione ut dilationem capiat.

Rem sacram vel religiosam, liberumve hominem non fas stipu-

(1) Gaius. ff. l. 1, § 13. *De oblig. et act.* -- § 12-14. eod. tit.
(2) Gaius. l. 141, § 2, hoc tit.
(3) Modest. l. 101, hoc tit.
(4) Gaius. l. 1, § 9. ff. *De oblig. et act.*

lari, cum nemo id possidere queat : interdum quædam sunt impedimenta, a persona stipulatoris pendentia, quæ promissionem inutilem faciunt : unde fit, ut inutiliter stipulemur vel rem cujus non commercium habemus, vel rem nostram; sed non necesse illum, qui promittit, rei commercium habere. Cum inutilis promissio, quia qui promittit rem acquirere non potest, inutilis semper manet promissio, etiamsi res sui juris esse desinat, vel sacra, vel liber homo non revocabitur in obligationem. Cum res aguntur, quæ natura ipsa extra commercium sunt, contractus fieri nequit, accepta futuri commercii providentia : nullo modo in obligationem deduci possunt. Non item, cum quis mihi sub conditione promittit rem, quæ mea est : utilis erit stipulatio, si tempore conditionis existentis mea non sit (1).

Valida stipulatio valere desinet, si postea nefas stipulantem rem habere, sive tota res extincta sit, sive servus homo fiat liber, sive res profana sacra : nisi debitor sit in mora, aut facto ejus homo ad libertatem perveniat. In numero inutilium stipulationum adscribendæ turpes stipulationes, quæ nullius sunt momenti et ponderis : itaque, si liquet rem esse turpem, deneget actionem prætor, habito nullo facti respectu; sin aliter non liquet, actionem det, inutilemque stipulationem declaret judex.

Conditio, quæ fieri nequit, nullam stipulationem facit : aliter de testamentis : clausula non scripta esse habetur et legatum purum. Hoc forsan intelligi potest ex facilitate nimia, qua testamentum fieri poterat, et fidei-commissa, quæ valida erant, quacumque ratione significata fuisset voluntas, nutu etiam, contractus vero firmius vinculum.

Si quis respondere velit congruenter interrogationi, rem postulatam promittat : sed non infirmatur interrogatio, si alter altero verbo utatur; aliter fit, si uno eodemque verbo duæ res significantur diversæ (2).

Non debet alteri per alterum iniqua conditio inferri (3) : quæ

(1) Paul, l. 85, hoc tit.; l. 31; l. 98.
(2) L. 21; l. 32. ff. hoc tit.
(3) Pap. ff. l. 74; *De div. reg. jur.*

regula omnis juris adhibenda est regula, inveniturque in stipulationibus. Neque omittendum personas esse, quæ non extranei sunt, quibusque bona nostra vel augemus vel minuimus : is est hæres qui jura et obligationes accipit ; sed generaliter si quis promittat per alium fieri, dicendum est eum inutiliter promittere factum alienum : namque hunc non obligo, et cum me ipse obligari noluerim, res nulla agitur.

Item, cum pro eo stipulor : quod quidem mea nullo modo interest.

Sed cum promitto me effecturum ut Titius det, tunc meum ipsum factum promitto : rem Titio faciendam promitto, obligorque ipse, si non fecerit. Sub conditione etiam promittere possum non rem Titio faciendam. Diximus pro alieno quolibet stipulari nefas esse (1) : quia iste, actionem non habens, agere non poterit, et quia nihil interest stipulatoris. Si illius interesse manifestum, stipulator actionem habebit, validaque erit stipulatio. Ut illius intersit, satis erit pœnam stipulari : tunc agendum, non ut repetatur res promissa, sed ut pœna quæ sub conditione promissa fuit, ut ita non factum fuerit. Utilis etiam pœna, ut definiatur quod actoris interest : tunc creditor non quod interest, sed certam pecuniam postulabit, quæ certæ stipulationis res est. Cum quod interest, si absens erit, actionem solum prohibeat, stipulator agere poterit etiam sine pœnâ, cum apparuerit quod interest. Unde et si procuratori meo dari stipulatus sum, stipulatio vires habebit quia interest meâ.

Pro alieno quidem stipulari inutile; sed fas alienum designare cui pecuniam solvat : is mandator habendus, adjectus solutionis gratiâ : stipulator vero solus creditor : at debitor vere liberabitur ære alieno, si mandatori solverit : namque ea lex contractus. Quid, cum non tantum pro solutione adjectus erit, sed et sibi et alteri stipulatur. Jurisconsulti certant : si aliis credas, mihi tantum valet stipulatio, non alteri ; et cum utile per inutile non vitietur, dimidia pars mihi dabitur. Pars aliena deducitur, nec auget stipulatoris partem. Si aliis, stipulatio per universum valet, et proinde ei soli

(1) L. 73 ; § 4. ff. *De reg. jur.*

qui stipulatus sit, solidum debetur, perinde ac si extranei nomen non adjectum fuisset (1). In exemplis, alii factum suum vident, alii factum alienum. Sic ista stipulatio habere licere spondes, videtur Ulpiano factum alienum promissionem continere. Et solum se obligat, ne ipse faciat quominus habere liceat. Paulus vero in hac responsione videt non simplex abnutivum, sed se curaturum ut nemo faciat (2).

Cum quis liber mutuam pecuniam meo nomine dat, sive ejus sit pecunia, sive mea, actionem habeo : quod quidem exceptum est, mutui gratiâ. Cum mutuum faciens stipulatus sim, actionem unam habere mihi in animo est, actionem dico stipulationis, adeo ut, si creditor pecuniam subripuerit, stipulatio valeat, debitoreque opus sit non numeratæ pecuniæ exceptione.

Si quis pater pro filio stipulatus erit, pro se ipse stipulatur (3) : hoc in iis verum est, quæ juris sunt, non facti : ita si dixerim : Promittisne decem meo filio, mihi acquiritur; sed stipulatus fuerim : filio ire agere liceat, inutiliter stipulatus est. Aliter, cum stipulatur filius : sive pro se ipse, sive pro patre stipulatur semper acquirit pater. Cum pro se ipse, pater aget quæreturque quod ire agere filio non licuit; cum pro filio, quod sibi ipsi.

Si servus aut filius familias ita stipulatus sit, illam rem aut illam, utram ego velim, filius aut servus, non pater aut dominus eligere debent; sed pater aut dominus actionem habebunt.

Hæredibus cavere concessum est, nam personam nostram sustinent; sed ut dicimus personam pro qua stipulamur, necesse est dicere hunc hominem nostrum esse hæredem, aliter non proderit stipulatio, etiamsi hic homo hæres exstiterit; nam quod nullum est confirmari non potest. Quod stipulamur dari uni ex nostris hæredibus nequit adquiri, sed omnibus; nam hic hæres solum pro parte personam sustinet, et pro alia parte extraneus est; cum autem debitor stipulatus est creditorem non posse ab uno quodam ex hæredibus petere partem ejus obligationis (dividuæ) valet conventio, et illi soli

(1) Gaius. inst. 3, 103. — Pomp. ff. l. 110. *De verb. oblig.*
(2) Ulp. ff. l. 38, pr. — Paul. l. 83, pr. *De verb. oblig.*
(3) Paul. ff. l. 130. hoc. tit.

hæredi utilis est, nam aliis non nocet et nil obstat uni tantum ex hæredibus providere (1).

De divisione stipulationum. — Omnis stipulatio aut pura, aut in diem, aut sub conditione fit; cum nulla dies, nulla sit conditio, debitori tamen habendum tempus rem promissam tradendi; at creditor confestim petere potest, nec videtur præmaturius agi (2).

Non item, cum debitor se daturum primis Kalendis Martis promiserit : tunc stipulator petere non debet ante dictam diem, imo die dicta. Nam qui hoc anno aut hoc mense stipulatus sit, nisi omnibus partibus præteritis anni vel mensis, recte non petit. Qui ita stipulatur decem in annos singulos : una est stipulatio, et incerta, et perpetua. Non item de legatis. Sic hæres meus damnas esto decem in singulos annos dare : nonnulla sunt legata : primum puro est, alia sub conditione, si legatarius vivus est : tot anni, tot legata. Non ita dividitur stipulatio, cum annorum numerus non notus sit, incerta est. Actor petere debet quidquid paret dare oportere, una est actio, perpetua (3), non etiam morte stipulantis finire debet. Sed si partes morte finiri stipulationem voluerint, promissor exceptione doli mali uti poterit, quia lapsu temporis finire non potest stipulatio; ad tempus deberi non potest. Quomodo actor agere poterit? Facilis via esset, si essent tot obligationes quot anni; actor peteret et in judicium deduceret quod præstari oportet condictione certi, atque ita post singulum annum. Una est vero stipulatio, ut supra diximus. Si actor egerit formula qua incertum petimus, cujus intentio his verbis concepta est : quidquid ob eam rem dare facere oportet, totam obligationem id est etiam futuram in hoc judicium deducit (4); si vitare voluerit plus petitionem, et exceptionem rei in judicium deductæ, et futuram obligationis præstationem in incerto relinquere, necesse est hac præscriptione agere : ea res agatur, cujus rei dies fuit. Non item est in stipulatione, cum

(1) L. 10, ff. *De pact. dot.* — L. 38, l. 137, § 8. *De verb. oblig.* — L. 17, § 4. *De pact.* — l. 33, eod. tit.

(2) Pomp. ff. l. 118, hoc tit.

(3) Pomp. l. 16, § 1, hoc tit.

(4) Gaius, inst. 4, § 131. — l. 16, § 1, ff. hoc tit.

stipulamur quidquid te dare facere oportet, deducitur duntaxat id quod præsenti die debetur. Quod si totum demonstrare volumus, dicendum oportet oportebitve (1).

In omnibus obligationibus, cum dies non dicitur, præsenti die debetur. Altera ex parte, stipulationem interpretari oportet ut valeat potius quam ut pereat : igitur si ita stipulatus sum Carthagini dare spondes, reipsa in diem stipulatio est. Adhibenda ratio temporis necessarii ut solvatur Carthagini pecunia. Si consentimus pecuniam extemplo Carthagini solvendam, inutilis fit stipulatio.

Sub conditione stipulamur, cum differtur stipulatio donec fiat aliquid certi. Sic si in Capitolium non ascenderis centum dare spondes; non statim committitur stipulatio, non est debitum, spes est tantum debitum iri. Sic ut Ulpianus eleganter dicit : Ubi pure quis stipulatus fuerit, et cessit, et venit dies; ubi in diem, cessit dies, sed nondum venit; ubi sub conditione, neque cessit, neque venit dies; pendente adhuc conditione. Spes est tantum quam promissor stipulatori eripere non potest. Nihilominus igitur obligatur, si facto suo conditio non perfecta fuit .Cum ad præsens aut ad præteritum tempus conditio refertur, stipulatio non suspenditur; et si conditio vera sit, stipulatio tenet, quamvis contrahentes eventum ignorent. Si non vera sit conditio, nulla est stipulatio, sed nunquam in dubio erit. Quæ enim per rerum naturam certa sunt, non morantur obligationem, licet apud nos incerta sint (2). Cum definitur dies ad perficiendum quoddam opus, scire velim utrum exspectandum ut agatur, donec tempus omnino præteritum sit, an agi possit, ubi patet obligationem perfici non posse, deficiente tempore (3). Stipulationes quædam partium præstationem recipiunt, et partium præstatio stipulationis portionem quamdam delet. Non inde colligas creditori partem pecuniæ à debitore accipiendam; sed res pertinebit ad hæredes vel creditoris vel debitoris. Interdum est aliquid quod à singulis hæredibus divisum consequi potest; aliud quod totum peti necesse est, nec divisum præstari potest; aliud

(1) L. 76, § 1, l. 89, hoc tit.
(2) Pap. l. 37, ff. *De reb. cred.* — Scæv. l. 38, ff. eod. tit.
(3) L. 14-72, § 1; 98, § 1; 115, § 2; 124; 125; 137, § 3, ff. *De verb. oblig.*

quod pro parte petitur, sed solvi nisi totum non potest; aliud quod solidum petendum est, licet in solutionem admittat sectionem (1).

Cum decem dari stipulamur, si moritur creditor hæredesque duos habet, utrique quinque debemus; si vero debitor duos hæredes relinquit, creditor ab utroque quinque petet. Si contra viam stipulati sumus, cuique hæredi dimidiam partem viæ dari non licet, obstante rerum naturâ.

Quædam partis dationem recipiunt, sed nisi tota detur obligationi satis non fit; sic hominem generaliter stipulatus sum: dimidia pars servi dari potest; namque servo duo esse possunt domini. Attamen, in re istâ quam tractamus, nihil agit hæres, si dimidiam partem servi solverit; namque, si postea alter hæres partem servi alterius offerret, non perfecta esset obligatio, cum sit debita non pars servi, sed totus servus debitus. Aliter si Stichum nominatim stipulatus essem: hæredis perfecta esset obligatio, datâ dimidiâ parte Stichi: neque enim timendum ne alter hæres partem alterius servi offerat.

Si creditor viam postulaverit à cohærede quodam, hæres repetitionem habebit à cohærede, familiæ erciscundæ judicio: namque res promissa divisionem non recipit. Si contra decem petierit creditor, hæres totum solvere vitabit : si fecerit, actionem tantum negotiorum gestorum habebit. In obligatione individuâ, quisque cohæres pro toto actionem habebit; et si debitorem rem non perficit, pro parte hæreditariâ actoris tantum condemnatio pronuntiabitur.

Si hominem stipulatus sum, et egi adversus unum ex cohæredibus, aut partem ejus acceptam tuli, accipienda mihi pars alterius cohæredis. Namque, cum omnis condemnatio in pecuniam resolvatur, et cohæres absolutus sit, una pars tantummodo debita. Si Stichum et Pamphilum promiserim, partem Stichi Pamphilique solvere non potero. Sane, cum plura designantur in stipulatione, electio est debitoris, sed non ita ut in ipsius sit arbitrio partem unius rei

(1) Ff. hoc tit. l. 2, 54, 72, 85, 117, 137, 139.

et partem alterius exsolvere; ideoque in specie si debitor partem Stichi præstiterit, repetitionem habebit, et sat erit ut Pamphilum tradat. Venditor fundi duplum promisit emptori si fundo evinceretur. Post mortem ejus, pluribus relictis hæredibus, si quis emptori faciat controversiam, singuli hæredes in solidum conveniendi et denuntiandi sunt, ut causam defendant, quasi auctores venditionis, quia defensionis causa est individua. Sed singulis pro partibus tantum hæreditariis præstatio incumbit evictionis nomine, ita licet actio fuerit in solidum, solutio partis admittitur et affert liberationem.

Stipulationum aliæ judiciales sunt, aliæ communes, id est prætoriæ et judiciales, aliæ tandem conventionales (1).

Judiciales sunt quæ a mero judicis officio proficiscuntur. Sic de dolo cautio. Cum quis egit ad rem suam vindicandam, possessor qui restituit cavere debet quod dolo culpâve suâ non faciat deteriorem petitoris conditionem; sic si homo petatur, post acceptum judicium, possessor eum tradere debet, quamvis illum usu ceperit, eoque nomine ei jubet judex ut de dolo caveat; periculum est enim ne eum manumiserit vel pigneraverit. Justinianus narrat adhuc stipulationem de persequendo servo: servus vindicatur, judex eum restitui jubet, sed si post judicium reus hominem usu ceperit et servus in fugâ sit, reus qui solus dominium habet, solus agere potest, judex stipulationem jubet, et promittit reus de persequendo servo qui in fugâ est restituendove pretio.

Si nulla culpa rei fuisset, non cogitur ipse servum persequi; solummodo debebit servum restituere si eum recuperaverit, et actiones petitori transferre ut ipse agat suo periculo (2).

Prætoriæ sunt stipulationes quæ ex mero prætoris officio proficiscuntur. Ex his notare debemus damni infecti stipulationem. Aliquando autem stipulationem jubet prætor quamvis damnum nundum factum sit. Cum insulæ ruina futura timenda est, dominus insulæ vicinæ prætorem adire potest, ut cogatur dominus insulæ cujus futura est ruina, ad promittendum aliquid in compensatio-

(1) Ff. l. 5, hoc tit. — Inst. 3, t. XVIII, § 1.
(2) Ff. l. 20-45, *De rei vind.*

nem damni futuri; et ita cogatur iste ut promittat, aut, si in stipulationem venire non velit, petitor in possessionem à prætore mittatur. Est adhuc una prætoria stipulatio quæ dicitur legatorum. Post apertas tabulas, legatarii et fideicommissarii hæredem cogere possunt ut promittat executionem testamenti temporibus à defuncto scriptis. Et si non vult hæres ad hanc stipulationem venire, in possessionem bonorum hæreditatis mittuntur à prætore legatarii et fideicommissarii, et ita sunt istorum bonorum veluti custodes. Hæc sufficiunt prætoriarum stipulationum exempla. Prætorias autem stipulationes sic exaudiri oportet, ut in his contineantur etiam ædilitiæ, nam et hæ à jurisdictione veniunt. Aliquando ædiles stipulationem jubent in servi vel animalis venditione, ita ut emptor securus sit si vitia occulta in re vendita insunt. Stipulationes ædilitiæ in numero stipulationum prætoriarum ponuntur, quia utræque à magistratu jus dicente jubentur. Notandum est prætorias stipulationes legem accipere de mente prætoris qui eas proposuit; his igitur nihil mutare licet, neque addere, neque detrahere (1).

Communes sunt stipulationes quæ à magistratu et à judice juberi possunt. Videamus de stipulatione rem salvam pupilli fore. Tutor et fidejussores qui pro eo obligantur promittere solent, negotium contrahendo pro pupillo, rem salvam pupilli fore. Hanc autem cautionem jubere debet prætor. Attamen evenire potest ut priusquam hæc cautio à tutore detur, is pupilli debitorem conveniat; actionem obtineat et in judicium eatur; sed debitor excipiat de non præstitâ à tutore satisdatione; tum cum aliter hæc res expediri non possit, judex tutorem satisdare jubet. Idem de stipulatione de rato : procurator si in rem agit cogitur ut satisdet ratam rem dominum habiturum; periculum est enim ne de eâdem re dominus experiatur. Hæc autem stipulatio et à prætore et à judice juberi potest.

Conventionales sunt stipulationes quæ ex conventione utriusque partis concipiuntur, hoc est neque jussu judicis neque jussu prætoris, sed ex conventione contrahentium; igitur contractui formam

(1) Ff. l. 52, pr. hoc tit.

contrahentes dant. Quarum totidem genera sunt quot pene dixerim rerum contrahendarum. Fiunt stipulationes ob ipsam verborum obligationem, id est ad hoc interponuntur ut negotio cui adjiciuntur tribuant obligationem civilem.

De stipulationum interpretatione. — Cum dubium est, stipulatio adversus stipulantem fit; namque præsumpta liberatio : neque exigi potest obligationis perfectio, nisi demonstretur eam esse : adde quod in stipulatione, stipulator verba dicat, promissorque tantum respondeat; quare si ambigua verba sunt, in stipulatorem damnum incidit (1).

In dubio commodissimum est id accipi quo res de qua agitur in tuto sit (2). In obsurcis inspici solet quod verisimilius est aut quod plerumque fieri solet; contrahentium voluntatem potiusquam verba spectare oportet (3).

De morâ. — Debitoris mora damnum ei affert : quædam eum ante moram liberarent, quæ post moram non liberant. Præcipui debitoris mora perpetuam facit obligationem non in eum tantummodo, sed etiam in adjunctos debitores, ut fidejussores. Fieri potest ut fidejussor solutionem obtulerit, neque acceperit creditor, et persecutus sit præcipuum debitorem qui non solvit : Si res promissa perierit, tenetur adhuc præcipuus debitor, adjunctusque etiam debitor stricto jure. Quod quidem iniquum. Fidejussori succurrendum, dico exceptione doli. Contra, fidejussoris mora obligationem præcipui debitoris perpetuam non facit : namque res omnino ad illum non pertinet; ergo liberatur; at fidejussor etiam stricto jure liberatur; namque nihil adjuncti esse potest quin sit præcipuum. Tunc adversus fidejussorem actio utilis dabitur (4).

De actionibus quas stipulationes pariunt. — Ex stipulatione duæ nascuntur actiones, condictio certi, si certa sit stipulatio; actio ex stipulatu, vel condictio incerti si incerta sit stipulatio.

Certum est quod ex ipsa pronuntiatione apparet, quid, quale,

(1) L. 38, § 18. — L. 99. — L. 110., § 1, hoc tit. — L. 39, *De pact.*
(2) L. 80, hoc tit.
(3) FF. l. 219, *De verb. sig.*
(4) L. 49-88, hoc tit. — l. 32, § 5, ff. *de usur.*

quantumque sit, ut fundus Tusculanus, homo Stichus (1). Ubi ea non apparent in stipulatione, incertam esse stipulationem dicendum est (2); quod in faciendo vel non in faciendo stipulamur, incertam facit stipulationem. Sic hanc domum ædificandi, stipulatio incerta est; hanc domum dandi, certa. Ea sola est certa stipulatio, quæ in dando corpus certum consistit.

Cur hæc omnia diximus? Cum tantum circumscripta fuit stipulatio ut valeat, quid prodest ut quæramus quatenus circumscripta sit? Cum corpus certum dare agitur, intentio his verbis utetur : si paret Stichum dare oportere. At contra cum non corpus certum, intentio erit : quidquid paret dare facere oportere, referens ad demonstrationem quæ rem actam narrabit. In actione certà, actor plus petitionem periclitatur; nunquam in incerta.

Condictio certi majorem secum fert concinnitatem. Condemnatio est corporis ipsius. Non item erat de actione ex stipulatu. Semper pecunia mulctabatur.

Si quis promittit duas res alternationem recipientes, num incerta, an certa est stipulatio? Duæ res certæ, sed utrum dabitur, incertum. Attamen cum stipulatoris electio est, per condictionem certi agere potest, designatà re, neque plus petitionem, causa, reformidabit. At si ei non electio erit, formulà incertà utetur (3).

POSITIONES.

I. Cum in verborum obligatione subjicitur pœna et ea committitur, novatio non fit.

II. Stipulationi inutili non inest vis pacti.

III. Cum stipulatio est in diem, stipulator cogi potest ad recipiendam pecuniam ante diem.

IV. Stipulanti viginti qui decem promisit, in decem obligatur.

(1) Gaius, ff. l. 74, hoc tit.
(2) Ulp. ff. l. 75, hoc tit.
(3) L. 75, § 8. — L. 106, ff. hoc tit.

V. Non est confundenda stipulatio quæ continet obligationes alternas, et illa stipulatio qua aliquid præcipue debetur, cum facultate alterius rei solvendæ.

VI. Ea quæ in partes dividi non possunt, singula à singulis hæredibus debentur; sed si unus ex hæredibus solidum præstiterit, repetitionem habebit à cohærede familiæ erciscundæ judicio.

DROIT FRANÇAIS.

DES CONTRATS ET DES OBLIGATIONS.

(Cod. civ., titre 3, art. 1101 à 1168.)

> « Les lois ne sont pas des actes de puissance; ce sont des actes de sagesse, de justice et de raison. Le législateur exerce moins une autorité qu'un sacerdoce; il ne doit pas perdre de vue que les lois sont faites pour les hommes, et non les hommes pour les lois. »
>
> *Discours prélim. du 1er projet de Cod. civ.*

Des esprits puissants ont depuis bien longtemps agité la question de savoir si l'état de société est l'état naturel à l'homme ou si ce n'est pas, au contraire, pour lui un état d'abaissement et de dégradation; comme ce philosophe qui marchait pour toute démonstration du mouvement, sans s'arrêter à cette discussion, l'homme multiplie chaque jour ses rapports, grâce aux prodiges de la science, il étend ses relations, il se met en contact avec l'univers tout entier, échange avec tous les peuples les produits de son sol, le résultat de ses méditations, compare leurs mœurs, leurs lois, leurs coutumes avec les siennes et de ces relations, il naît des besoins nouveaux, des jouissances nouvelles, il naît des contrats nouveaux. Depuis le jour où il y eut sur la terre deux créatures humaines, où elles reçurent du créateur leur mission divine (*Benedixitque illis Deus et ait : Crescite et multiplicamini, et replete terram et subjicite eam*), où le premier et le plus sain des contrats est venu sanctifier l'union du premier homme et de la première femme, l'homme a sans cesse montré que la société est pour lui une nécessité, un devoir, un besoin; il y eut entre les hommes des rapports nécessaires et continuels dont l'étude est la plus vaste et la plus grave que l'on puisse imaginer. Rapport du père au fils, rapport du mari à la femme, rapport de l'homme à l'homme, rapport du citoyen à la patrie, rapport de peuples à peuples : la famille, la patrie, l'humanité ! Analyser ces rapports les uns après les autres, les embrasser dans leur ensemble, en suivre les modifications dans tous les pays, à toutes les époques, tenir compte de la différence des temps, des climats, des événements, rechercher comment, quand l'homme s'éloignait de son origine, l'unité première disparaissait; comment, après des siècles, elle tend à se reformer; comment aux sentiments de défiance et de jalousie ont succédé des sentiments plus pacifiques, de sorte que, comme des travailleurs qui se sont répandus dans la plaine pour accomplir leur tâche et rapporter le soir le produit de leurs sueurs, les peuples se rapprochent et réunissent les résultats divers qu'ils ont obtenus, riche moisson qui vient augmenter le patrimoine commun et montrer que depuis tant d'années tous ont travaillé pour tous : ne serait-ce pas là une tâche immense à laquelle le génie de Montesquieu suffirait à peine, une source féconde d'enseignement pour l'historien et le philosophe, pour le jurisconsulte qui vient compléter et achever leur œuvre. On y verrait par quelles voies admirables l'homme parvient au but qui lui est indiqué, conduit par une main invisible; souvent il semble s'égarer, revenir sur ses pas, on peut croire un instant qu'il est enserré dans un cercle fatal qu'il ne lui est pas donné de franchir, mais tout-à-coup il reprend sa course, rendu plus fort encore par la lutte qu'il vient d'avoir à soutenir. Chaque génération met en lumière une vérité nouvelle, en tire les conséquences et apporte ainsi sa pierre à l'édifice social. Bien des erreurs souvent l'accompagnent et s'amoncellent alentour, mais le souffle de la discussion et de l'examen les balaie, et la colonne de vérité s'élève chaque jour plus majestueuse.

Quand une certaine période s'est écoulée, l'homme réunit curieusement les faits qui se sont passés, puis il cherche à en tirer des conséquences; dans ces exemples il cherche des conseils pour l'avenir, il détermine les principes immuables, d'historien il se fait philosophe; puis enfin il utilise ses recherches, il s'occupe de la vie réelle, il trace des règles de conduite, il devient législateur. L'observation et la logique, voilà les leviers avec lesquels il gouverne le monde et se gouverne lui-même.

Parmi les diverses matières qui doivent attirer l'attention du jurisconsulte; l'étude des relations de famille, des relations entre citoyens et l'état l'initieront surtout à l'organisation politique du pays; mais où il verra le mieux le progrès de la civilisation c'est sans aucun doute dans l'étude des conventions : faire l'histoire de chaque contrat, ce serait faire l'histoire de l'humanité, je n'en voudrais pour exemple que l'histoire du prêt à intérêt, avec les sévérités de l'ergastulum du praticien romain, la prohibition complète du droit canonique, et les règles protectrices dont la loi de 1807 l'a entouré par une transaction équitable entre les deux principes.

Tout droit est nécessairement engendré par un fait; quand deux individus sont entre eux dans les rapports de créancier à débiteur, quand il y a d'une part une obligation, de l'autre une créance, il doit y avoir un fait générateur de cette obligation. Ce fait, ce sera ou le consentement des parties, ou un acte quelconque qui, portant atteinte au droit d'autrui, vous met dans la nécessité de réparer le tort que vous lui avez causé; pour donner à autrui le droit d'exiger quelque chose, se contentera-t-on du consentement des parties, de l'accord de leur volonté, ou bien faudra-t-il encore joindre à ce consentement des formes spéciales et solennelles?

A l'origine de tous les peuples, alors qu'il faut frapper les sens, que la religion confisquée au profit de quelques uns a été remplacée par un symbolisme grossier, il faudra toujours des signes extérieurs, on ne comprendra pas que la volonté seule puisse conférer un droit;

on n'attachera d'effet juridique qu'à un acte matériel, appréciable pour tout le monde, et ne laissant aucun doute sur son existence: Le droit civil romain est sorti du sein d'un patriciat religieux, militaire et politique, qui a gravé en lui ses souvenirs de conquête, ses instincts d'immobilité, ce génie formaliste, jaloux, dominateur; on n'y rencontre pas l'action efficace de l'équité naturelle; la notion simple du juste et de l'injuste y est défigurée par la farouche enveloppe d'institutions qui sacrifie la nature à la nécessité politique, la liberté aux formules sacramentelles. La rudesse des principes exclusifs de la loi romaine se retrouve naturellement dans les contrats. La loi peut-être n'a reconnu d'abord que les obligations qui étaient la conséquence de la dation d'une chose matérielle; là alors ce que les parties se proposent est bien évident; puis elle admit que des paroles consacrées pourraient engager un débiteur; que sa promesse écrite devait être sanctionnée par la puissance publique; et enfin, le temps marchant toujours, que dans quelques cas spéciaux, mais qui revenaient fréquemment, il suffirait d'un simple consentement. Est-ce là réellement la marche de la loi romaine? nous n'en avons pas de preuve positive et cependant nous le croyons fermement; qu'importe d'ailleurs? la méditation des législations à leur berceau n'a-t-elle pas pour but de nous donner des idées générales et une erreur de détail nous empêcherait-elle de l'atteindre? Ce qui est certain, c'est la rigueur avec laquelle la loi veille à l'exécution des contrats; le citoyen a engagé sa foi envers un autre citoyen, il engage sa personne même, sa propre liberté. (*Nexus, nec suus est*, si on en croit Varron). S'il ne remplit pas son obligation, le créancier le jette en prison, en fait son esclave, sa chose, le peut mettre à mort, et son cadavre est divisé entre ceux envers lesquels il n'a pu s'acquitter. Une fois les formalités du contrat remplies, on est engagé; en vain invoquerait-on que c'est le résultat d'une erreur, d'une violence, dès que les paroles ont été prononcées, dès que l'écrit a été dressé, la loi est inflexible et inexorable; mais aussi dès qu'elle ne reconnaît pas un des contrats qu'elle a sanctionnés, dès que la forme qu'elle a tracée n'a pas été scrupuleusement observée, il n'y a rien de fait pour elle, elle ne s'occupe pas de cette convention. La loi des douze tables, ce premier triomphe de l'égalité contre l'aristocratie, cette loi sur laquelle on n'ose porter la main, n'est bientôt plus suffisante. Le préteur par d'ingénieux moyens introduit l'équité dans la législation, le droit des gens commence à paraître, il s'inquiète non de ce que les parties ont fait, mais de ce qu'elles ont voulu faire; il protége toutes les conventions qui ne sont pas contraires à l'ordre public, et, s'il n'ose pas les élever à la dignité de contrat, il parvient, sous le nom de pacte, à leur assurer des effets importants, et comme il n'est pas enchaîné alors par la loi, il peut proclamer pour eux qu'il faut les exécuter *ex bonâ fide*.

La philosophie grecque a pénétré de toutes parts dans la loi romaine ; si les doctrines d'Épicure ont démoralisé les masses, les esprits d'élite nourris des principes du stoïcisme, se sont élevés à la hauteur des idées les plus sublimes; les cérémonies qui entourent les actes juridiques, vérités autrefois, symboles devenus incompréhensibles, sont attaquées sans pitié par la verve satyrique de Cicéron. Pour lui il n'y a pas de droit sans équité, *jus enim semper quæsitum est æquabile, neque enim esset jus.* A l'aide des lumières sorties de la Grèce, la législation marche à grands pas ; le christianisme arrive, et, chose admirable, déjà presque elle est digne de lui. Les jurisconsultes se pressent en foule, Labéon continue l'œuvre de Cicéron, puis, c'est Salvien, Africain, Gaius, Papinien, Ulpien, Paul, Modestin pour ne citer que les plus éminents; partout on professe les droits imprescriptibles de la raison, le droit c'est la science du juste et de l'injuste : Ulpien pose les règles du droit positif comme le ferait un père de l'Église. Que les empereurs allument les bûchers et poursuivent sans relâche la secte des chrétiens, vains efforts, les paroles venues de la Judée tombent dans des esprits préparés et elles porteront leur fruit. Les empereurs eux-mêmes sont invinciblement soumis à cette influence; il n'y a que vingt ans entre l'édit qui accorde le droit de cité à tous les sujets et celui qui autorise le culte chrétien (291, 311). Justinien donne l'autorité de la sanction impériale aux travaux des jurisconsultes, en les rendant pour ainsi dire l'œuvre du législateur : si le savant peut regretter les altérations que les textes subissent en passant dans son recueil, le jurisconsulte n'en doit pas moins reconnaître qu'il comprenait vraiment son époque, que le droit, pas plus que le reste, ne doit rester immobile, que les lois sont faites pour les hommes et non les hommes pour les lois, qu'elles doivent s'adapter au caractère, aux habitudes, à la situation des peuples (Portalis).

Quand le colosse romain s'abîme sous les coups redoublés des gens du Nord, les vainqueurs sont tellement remplis d'admiration pour ces règles si sages, si équitables, si habilement posées qu'ils s'y soumettent sans s'en apercevoir; cependant ils apportent avec eux un élément nouveau : de la combinaison des éléments romain et germanique, et du christianisme une nouvelle ère commence.

La crise est longue et douloureuse, l'unité semble détruite, le règne de la force semble revenu, mais le droit canon, mais les rois aidés des légistes qui ne leur firent jamais défaut accomplissent le grand œuvre de la recomposition sociale : la féodalité est abattue, la féodalité qui a pour loi l'isolement, qui fait dépendre la condition de l'homme de celle du sol, et qui le rend, si l'on peut s'exprimer ainsi, immeuble par destination avec les instruments de la culture, avec les troupeaux des domaines; les coutumes se fixent et se fondent lentement. Des hommes dévoués à la science empêchent le droit de dégénérer en des querelles d'école, et tout en conservant les traces de leur originalité, savent le maintenir à sa hauteur : éclairé du flambeau de l'histoire, Cujas explique les difficultés du droit romain; Dumoulin pénètre dans les profondeurs de la société féodale, et proclame le principe de l'unité en présence des diversités infinies des coutumes; une autre école vient associer ces éléments divers; Domat, d'Aguesseau, Pothier, le jurisconsulte populaire, le vulgarisateur de la science; Montesquieu, le jurisconsulte dans sa plus grande acception, fait comparaître les lois humaines au tribunal de l'histoire et de la philosophie; ces grands hommes et bien d'autres encore, se rendent à jamais célèbres et amassent des matériaux pour l'avenir. La nuit du 9 août, dans un moment d'enthousiasme, l'Assemblée constituante, après de solennelles discussions, viennent réaliser les promesses faites dix-huit siècles auparavant aux pasteurs de Bethléem, et poser les principes de la liberté et de l'égalité de tous; l'idée est passée dans les faits : à la parole puissante du premier consul, l'ordre renaît, le Code civil est produit, et bientôt il fait le tour du monde.

Un des problèmes les plus difficiles à résoudre, c'est de laisser chaque liberté prendre son développement sans avoir à en redouter l'exagération : toutes les libertés ont leurs abus ; faudra-t-il les confisquer pour trancher la difficulté, sous prétexte de maintenir l'ordre? Cela serait impossible aujourd'hui. Faudra-t-il n'y imposer aucune limite? Ce serait l'anarchie. Jusqu'où faudra-t-il aller, où faudra-t-il s'arrêter? c'est à résoudre ce problème, qui ne le sera jamais complétement, que les législateurs modernes ont constamment travaillé. L'esprit du Code apparaît tout entier dans le discours préliminaire des quatre rédacteurs; il concilie le présent et le passé; ils opèrent une amiable composition entre des opinions et des usages opposés. Égalité des citoyens devant la loi, égalité des enfants dans la famille, libre droit d'user et de disposer de sa chose. Nous n'avons plus de prêteur avec ses tempéraments; notre loi est empreinte d'équité et de justice. Les conventions légalement formées tiennent lieu de loi à ceux qui les ont faites; elles doivent être exécutées de bonne foi. Ici, comme le disait le tribun Favard, le législateur est dans l'heureuse impuissance de proclamer une volonté particulière; tout ce qu'il dit doit être l'expression des éternelles vérités sur lesquelles repose la morale de tous les peuples; le livre où il puise ses lois doit être la conscience, ce livre où tous les hommes trouvent le même langage quand la passion ne les aveugle pas.

La faiblesse de l'âge est protégée, la puissance maritale respectée. Un consentement obtenu par violence, par des manœuvres coupables n'est pas un consentement, et celui qui a été ainsi trompé peut demander la nullité de son obligation, quand les faits qu'il allègue présentent assez de gravité, car la liberté des conventions exige que la loi ne se montre pas trop facile pour les annuler. La loi protége les conventions et veille à leur exécution; mais il faut qu'elles aient un but utile; pour qu'un homme restreigne ainsi sa liberté, il faut que le créancier y ait un intérêt : sans intérêt donc, point d'action.

La convention est la loi des parties; mais un simple particulier ne peut modifier à son gré la position d'autrui, aussi la convention n'a-t-elle d'effet qu'entre les parties contractantes; seulement il vous est permis de charger un tiers de veiller à vos affaires, et d'agir en votre nom comme vous agiriez vous-même. L'homme ne pense pas à lui seul, il a une famille à laquelle il doit laisser sa fortune, dont le bien-être le préoccupe vivement; de plus, son patrimoine tout entier répondant de ses obligations, il est juste que ses héritiers profitent et soient tenus de tous ses engagements. Au danger de l'insolvabilité du défunt ou de celle de l'héritier, la loi, dans sa prévoyance, a établi la séparation des patrimoines et l'acceptation sous bénéfice d'inventaire. Si un débiteur cherche à priver ses créanciers du gage sur lequel repose leur confiance, les créanciers demanderont la nullité de ces actes, et on conciliera leur intérêt avec celui des tiers auquel le débiteur vient de transmettre frauduleusement des droits.

Par une exagération peut-être du principe de la liberté des conventions, pour ne pas matérialiser la volonté et afin de favoriser la rapidité des échanges, la loi permet au simple consentement de transporter à l'instant même la propriété, sans qu'aucun signe extérieur vienne prévenir la société. Ici il y a un danger, un piége tendu à la confiance des tiers.

Quand un homme ne remplit pas son obligation, le créancier a le droit de le poursuivre sur ses biens, il peut quelquefois le faire emprisonner ; est-ce un souvenir de l'ancienne sévérité de la loi romaine, un reste de barbarie indigne de notre époque, ou bien est-ce seulement un moyen de contrainte mis à la disposition d'un créancier contre un débiteur récalcitrant ou de mauvaise foi? Quoi qu'il en soit, les voies d'exécution sont réglées avec une scrupuleuse attention; en sauvegardant les droits du créancier, on cherche à respecter ceux de l'humanité, et dans le doute on se montre toujours favorable au débiteur.

Le créancier qui voit son attente trompée éprouve un dommage dont il faut lui tenir compte. Si la loi est impuissante à lui procurer le bénéfice de sa stipulation, elle en fera l'évaluation et le débiteur sera condamné au paiement d'une somme d'argent. Celui qui emprunte une somme est ordinairement dans le besoin, plus digne de protection que de rigueur; le législateur a dû veiller sur lui et lui défendre des engagements ruineux; mais reconnaissant en même temps tout le profit que l'on peut aujourd'hui retirer de capitaux sagement administrés, il a dû permettre un légitime intérêt.

Deux méthodes se présentent pour étudier ces différentes règles: la méthode dogmatique et la méthode exégétique. Toutes deux ont leur mérite et leurs partisans. Nous croyons devoir adopter généralement la dernière, parce qu'en observant l'ordre du législateur on suit mieux la marche des pensées qui l'ont dirigé. On assiste en quelque sorte à l'enfantement de son œuvre.

On a quelquefois reproché aux législations codifiées de faire descendre la science à une question de mémoire en rendant inutile l'étude des principes et des théories; mais il ne faut pas croire que la science ait dit son dernier mot; il est de la nature humaine de progresser sans cesse: un demi-siècle à peine s'est écoulé, et déjà les nombreuses imperfections de nos lois ont été signalées; c'est à la critique philosophique à achever sa tâche, à nous montrer le mieux, et à hâter sans précipitation les réformes utiles. Nous allons donc méditer le texte avec attention, en rechercher l'esprit, considérant le Code non comme une œuvre parfaite, mais comme une œuvre digne cependant de toute notre admiration.

CHAPITRE I.

Dispositions générales.

Les rédacteurs du Code, qui en toute matière et surtout ici se sont aidés si puissamment de Pothier, ont cru devoir apporter quelques modifications à l'ordre suivi par le grand jurisconsulte; et ces innovations, il faut l'avouer dès l'abord, ne sont pas heureuses; ce n'est pas ici une vaine critique que nous leur adressons et ayant pour tout résultat de proposer, de substituer une division à une autre. Non, mais c'est qu'en confondant des choses fort distinctes, le *contrat*, principe générateur de l'obligation, et l'*obligation conventionnelle*, effet du contrat, en confondant l'effet et la cause, on a été conduit à mêler des idées différentes, qui sur un grand nombre d'articles jettent une obscurité et un embarras dont on ne peut sortir qu'en remontant aux principes que les législateurs n'ont pas méconnus, mais qu'ils n'ont pas toujours suivis exactement.

Et en effet, combien y a-t-il de sources d'obligations? Le Code nous en indique cinq (art. 1101 et 1370): 1° les contrats; 2° les quasi-contrats; 3° les délits; 4° les quasi-délits; 5° la loi. Pothier, qui reconnaissait aussi ces cinq sources d'obligations, commence par définir les obligations en général : puis il en indique les sources, les effets, les espèces différentes, les modes d'extinction, les preuves. Cet ordre était logique; notre législateur, au contraire, dès l'abord a fait deux titres distincts, l'un des obligations conventionnelles, l'autre des obligations qui se forment sans convention; et pour achever de détruire l'unité de cette matière, il semble réserver le mot d'obligations à celles qui résultent des contrats, et donne aux autres le nom d'engagements. Souvent, du reste, le législateur a été obligé de reconnaître la parfaite identité de ces deux mots; mais cette confusion du contrat et de l'obligation que nous indiquions tout-à-l'heure, se fait sentir souvent et jusque dans la rubrique de notre titre. Elle est ainsi conçue : Des contrats *ou* des obligations conventionnelles en général; mettant sur la même ligne l'obligation et le contrat. Le chapitre III de ce titre nous offrira la même incohérence; nous y verrons mêlés les effets des obligations et les règles relatives aux conventions. Nous pourrions citer encore le chapitre V, qui traite de l'extinction des obligations et qui s'occupe forcément d'obligations autres que celles résultant des contrats.

Après ces observations préliminaires qui ont de l'importance, voyons ce que c'est que l'obligation. *Obligatio est vinculum juris quo necessitate adstringimur alicujus solvendæ rei, secundum civitatis jura.* L'*obligation*, dit le jurisconsulte romain, c'est une nécessité légale imposée à une personne déterminée au profit d'une autre personne. La *créance* est le droit qu'a une personne d'exiger l'accomplissement de cette charge, de cette nécessité légale.

En quoi consiste cette nécessité, ce vinculum? Elle consiste dans l'intervention de la puissance publique pour forcer le débiteur à accomplir l'obligation, ou dans certains cas à accorder un équivalent (art. 2092, 2093); quelquefois le législateur admet la voie de la contrainte par corps.

Le mot *obligation*, en français comme à Rome, se prend souvent dans un sens actif : Quibus modis nobis acquiritur obligatio (voyez art. 529, Cod. civ.). Quelquefois ce terme désigne aussi l'écrit qui constate l'obligation, surtout quand cet écrit est notarié (voy. art. 2274) les mots, actes et titres, ont alors le même sens comme ils en ont beaucoup d'autres; c'est un défaut qui devrait disparaître, si la chose était possible, d'une langue scientifique bien faite.

De l'obligation on distingue souvent le devoir. L'obligation c'est la nécessité légale imposée à certaines personnes déterminées; le devoir c'est la nécessité légale imposée à tous. *Au devoir* correspond le *droit;* à l'*obligation* correspond la *créance.*

1101. Le code définit le contrat, une convention par laquelle une ou plusieurs personnes s'obligent envers une ou plusieurs autres, à donner, à faire ou à ne pas faire quelque chose. On peut appliquer ici cette phrase du jurisconsulte romain : Omnis definitio in jure civili periculosa est, parum est enim ut non subverti possit (jav. ff. l. 202, *De div. reg.*). Cette définition nous allons le voir est, en effet, très inexacte et beaucoup trop restreinte.

Toutes les fois que sur un objet quelconque plusieurs personnes tombent d'accord, qu'il y a union de volonté, in idem placitum consensus, il y a convention (venire cum). Dire sur combien d'objets il peut y avoir cet accord de volonté, ce serait rechercher quels sont tous les besoins, tous les désirs humains; leur nombre est innombrable; il est cependant facile d'exprimer dans une formule simple et concise le but que l'on se propose en contractant. Dans le droit romain et dans notre ancienne jurisprudence la convention avait toujours pour objet : 1° de créer des obligations; 2° d'éteindre les obligations préexistantes. Elle peut avoir aujourd'hui un troisième objet : de transférer la propriété. Rigoureusement on devrait conserver le mot de contrat à la première classe de conventions car, contracter c'est s'imposer une obligation. Aussi Pothier dit-il parfaitement : « Une convention est le consentement de deux ou plu» sieurs personnes pour former entre elles quelque engagement ou » pour en résoudre un précédent, ou pour le modifier. L'espèce de » convention qui a pour objet de former quelque engagement est » celle qu'on appelle contrat. » Le code confond d'une part le contrat avec la convention, et d'autre part le contrat avec l'obligation : pour lui obligation, contrat, convention expriment une seule idée, et il en vient à dire : l'obligation transfère la propriété, pour dire que la propriété peut se transférer par le seul effet de la convention (art. 711, 1138). La loi 3 ff. principium de oblig. et act. n'a pas commis cette erreur : Obligationum substantia non in eo consistit ut aliquod corpus nostrum aut servitutem nostram faciat, sed ut alium nobis obstringat ad dandum aliquid, vel faciendum, vel præstandum.

Si l'on prend les mots contrats et conventions pour synonymes en employant la terminologie du code, ce qui n'aura pas grand inconvénient, il faut dire qu'il y a des contrats qui produisent des obligations, des contrats qui les éteignent, des contrats qui transfèrent la propriété, et c'est seulement la première espèce de contrat que définit l'article 1101.

Allons plus loin, et remarquons que même le contrat productif d'obligations n'est pas défini d'une manière complète, qu'il n'y est question que d'obligations d'un seul côté, tandis qu'il y a souvent des obligations réciproques. Aussi Pothier disait-il encore : « Le » contrat est une convention par laquelle les deux parties ou seule» ment l'une des deux promettent et s'engagent... »

1102, 1103. Du reste, cette distinction se retrouve dans les articles suivants. Le contrat est *synallagmatique* ou *unilatéral*, selon que les deux parties sont obligées, ou seulement l'une d'elles. La vente nous offre l'exemple d'un contrat synallagmatique, le prêt celui d'un contrat unilatéral. Cette classification a un autre intérêt que celui de la méthode. La preuve de ces contrats est soumise des règles différentes (art. 1325). Les jurisconsultes appellent *synallagmatiques imparfaits* des contrats qui ne donnent naissance qu'à une obligation principale immédiatement créée, mais qui peuvent par suite d'événements engendrer des obligations pour l'autre partie. Par exemple, le dépôt oblige seulement le dépositaire; mais s'il fait des frais pour la conservation de la chose, le déposant est tenu de les lui rembourser; de même pour le mandat, le gage, le commodat. En droit romain, l'obligation qui naît directement des contrats donne l'*actio directa*, celui qui a l'action pour une obligation venant accidentellement à l'*actio contraria* (v. art. 1974, 1999, 2080, 2°, Cod. civ.). L'article 1102 ne traite pas de ces contrats synallagmatiques imparfaits, et l'art. 1325 ne leur est pas applicable.

1105, 1106. La deuxième division est relative, non plus à la *quantité* des obligations engendrées, mais à leur *cause*. La cause d'une obligation (art. 1131, 1132, 1133), c'est le but que la personne qui s'oblige veut immédiatement atteindre. On peut s'obliger pour acquérir l'équivalent de ce qu'on donne, ou pour rendre service; de là la division en contrat de *bienfaisance* et contrat *à titre onéreux* ou intéressé. Ces deux contrats peuvent se combiner. Le bienfait peut venir du débiteur ou du créancier. Ainsi, promettre de donner 1,000 fr., est un contrat de bienfaisance; de même prêter 1,000 fr. sans intérêts. Dans un cas cependant on est débiteur, dans l'autre créancier. Quel est l'intérêt de cette classification en contrat de bienfaisance et à titre onéreux? L'intérêt se rencontre dans l'appréciation des fautes (voy. 1137, 2°, 1927, 1928, 1992 2°) et dans les nullités pour cause d'erreur sur la personne.

Le contrat intéressé est celui qui assujettit *chacune des parties*, dit la loi. Aucune ne veut avantager l'autre, le contrat n'est pas nécessairement synallagmatique, ainsi le contrat de prêt à intérêt, celui de constitution de rente sont à titre onéreux et unilatéraux. On peut cependant défendre la rédaction de la loi. Elle veut dire que pour que le contrat existe il faut que chacun donne ou fasse quelque chose l'un pour former le contrat, l'autre par suite du contrat formé. Elle ne veut pas dire que le contrat, une fois formé, produit deux obligations. La définition de Pothier est, quoi qu'il en soit, bien plus claire (nº 12 des oblig.).

Art. 1104. Les contrats onéreux se subdivisent en contrats *commutatifs* et *aléatoires*. L'art. 1104 déclare commutatif un contrat à titre onéreux d'une nature spéciale, quoiqu'à la rigueur le mot commutatif puisse s'appliquer à tous les contrats onéreux. L'équivalent que reçoit chaque partie est une valeur certaine et non subordonnée à une chance. La chance est aussi un équivalent mais qui n'est ni certain ni effectif; l'article n'est donc pas complet, il est de plus inexact, il n'est pas nécessaire que chaque partie contracte une obligation; le contrat commutatif n'est pas toujours synallagmatique, ce n'est qu'un contrat à titre onéreux non aléatoire.

Il faut rapprocher le 2ᵉ alinéa de l'art. 1104 de l'art. 1964, on y trouve deux définitions différentes du contrat aléatoire. Dans l'art. 1104 on exige chance de gain et de perte pour les deux parties; Dans l'art. 1964, il suffit que la chance existe pour l'une d'elles. Nous n'hésitons pas à adopter la définition de l'art. 1104; si la chance n'existe pas de part et d'autre, ce n'est plus un contrat aléatoire mais un contrat de bienfaisance. Citons pour exemple de contrats aléatoires : l'assurance, le prêt à la grosse aventure, le jeu, le pari, la rente viagère; mais, dit-on, dans l'assurance l'assuré n'a pas de chances de gain, il paie tous les ans sa prime, elle est perdue de toute façon : si un sinistre arrive, la compagnie perd, mais l'assuré ne gagne rien, on ne lui rend que la valeur de ce qu'il a perdu. Il est certain cependant que l'assuré a gagné au contrat, car sans lui il n'aurait plus rien tandis qu'il possède encore toute la somme qu'on lui rembourse. Dans le jeu, le pari, on ne fournit rien d'appréciable actuellement, on s'oblige seulement sous la condition d'un événement incertain; dans l'assurance au contraire, l'une des parties paie aussitôt quelque chose : voilà toute la différence.

L'intérêt de la classification en contrat commutatif et aléatoire se présente dans la rescision pour lésion; le caractère d'aléatoire exclut l'idée de rescision pour lésion, à cause de la difficulté d'apprécier la valeur de la chance.

Une 3ᵉ division des contrats dépend de leur *forme* : contrats *solennels* et contrats *non solennels* ; dans les premiers il faut un écrit pour leur perfection ; dans les seconds, il ne sert que pour la preuve.

1107. On distingue encore les contrats *consensuels* et les contrats *réels*. Du reste, en admettant ces divisions parce qu'elles sont de doctrine, prenons garde d'y attacher les mêmes idées que dans le droit romain. Nous savons que la classification romaine reposait sur des principes qui ne sont plus les nôtres. L'art. 1107 a justement pour but de prévenir toute erreur.

Nous avons déjà indiqué quelle fut, d'après nous, la marche suivie par la législation romaine dans la matière des contrats ; nous avons vu à quel petit nombre elle donne un nom et accorde droit de cité. Toutes les autres conventions sont rangées dans la classe des contrats innominés, sansaction qui les sanctionne ; il faut que le préteur supplée le droit civil et leur accorde l'action *præscriptis verbis*. Nous avons vu qu'il n'en est plus ainsi aujourd'hui. Les conventions forment et détruisent les obligations, sans exécution préalable, sans stipulation ; exceptons les contrats solennels. Aujourd'hui la convention de prêt oblige le banquier qui ouvre un crédit ; la promesse d'échange est parfaitement valable ; quand on parle des contrats réels, on constate seulement un fait, on veut dire qu'il y a des obligations de telle nature qu'elles supposent nécessairement un fait accompli, une chose livrée ; le dépôt, le gage, ne se conçoivent que lorsqu'il y a eu quelque chose remis en gage ou en dépôt ; mais répétons que la promesse de mettre en gage a une sanction dans notre loi et produit une véritable obligation.

CHAPITRE II.

Conditions essentielles pour la validité des conventions.

Dans un contrat, on distingue les conditions qui sont de son *essence* : ce sont celles sans lesquelles il ne se concevrait plus comme tel, il n'y a pas de vente sans prix; de sa *nature*, ce sont celles qui se sous-entendent dans un contrat, mais qui peuvent manquer sans l'empêcher d'exister; il est de la nature de la vente que le vendeur soit tenu à la garantie; mais on peut convenir expressément du contraire sans que pour cela le contrat cesse d'être une vente; enfin sont *accidentelles* les conditions que l'on peut y ajouter sans en changer la nature, mais qui ne se sous-entendent pas.

Quelquefois la condition, c'est la *charge* imposée à une donation par exemple : c'est un fait sur lequel la convention s'appuie; il est nécessaire à son *maintien*. Ici, condition signifie ce qui est nécessaire pour que la convention *existe;* c'est quelquefois encore un événement futur et incertain qui sert de base à la convention. Le chapitre qui nous occupe, et qui parle des faits nécessaires à l'existence de la convention, s'applique à toute espèce de convention, quoiqu'il semble ne s'occuper que de celle qui crée des obligations.

1108. Avant tout, il est évident qu'il faut qu'il y ait accord de volonté, *in idem placitum consensus*, concours de volontés dans le but de produire un effet juridique; si l'objet sur lequel on est tombé d'accord n'a rien de juridique, par exemple si l'on décide de faire une partie de plaisir, il y aura bien toujours convention, mais ce n'est pas là un acte dont la loi ait à s'occuper. Quelquefois, par exception, cet accord de volonté, dans le but de produire un effet juridique, ne suffit pas encore, comme nous avons vu; il faut l'exprimer d'une manière solennelle (contrat de mariage, hypothèque).

Le consentement de la partie qui s'oblige est la première condition, mais n'est pas la seule. Il faut de plus : sa capacité de contracter; un objet certain qui forme la matière de l'engagement; un but licite.

Il y a, dit l'art. 1108, quatre conditions essentielles. Cela semble dire qu'en l'absence d'une de ces conditions on ne saurait concevoir l'existence de la convention. Nous verrons cependant qu'il n'en est pas ainsi; l'absence de quelques unes ne constitue qu'un vice de la convention, qui n'en existe pas moins, mais seulement d'une manière moins sûre, par exemple l'incapacité et les vices du consentement: ce ne sont donc pas des conditions essentielles dans toute la propriété du terme; au contraire, l'objet et la cause licite sont de toute nécessité.

Le *consentement* de la partie qui s'oblige, dit la loi. Il résulte de la définition même de la convention qu'elle ne saurait exister sans consentement; le Code ne nous apprend donc rien de plus ici.

De la partie qui s'oblige. On a critiqué cette rédaction; il faut, dit-on, le consentement des deux parties. Les rédacteurs du Code se sont préoccupés de l'idée que le futur créancier consent toujours. Le mot consentement suppose nécessairement une volonté antérieure à laquelle vient s'adjoindre une autre volonté, celle de celui qui s'oblige. Immédiatement après, le Code dit : *Sa* capacité; il ne parle que de la capacité du débiteur et non de celle du créancier, qui est toujours capable pour faire sa condition meilleure. Quelquefois ce sera la partie qui veut s'obliger qui fera l'offre; cette offre s'appelle *pollicitation*.

Un objet certain qui forme la matière d'un engagement. Il faut qu'il y ait quelque chose à quoi l'obliger qui puisse être contraint, qu'il s'agisse de donner, de faire, de s'abstenir. Il est bien clair qu'il ne peut y avoir de convention sans objet; mais que veut dire un objet certain? L'art. 1129 l'explique et dit que c'est une chose déterminée quant à son espèce. Il faut qu'il y ait réellement un lien pour l'obliger. Si je promets de donner un animal, il n'y a pas d'obligation, car je ne puis être contraint à rien *d'utile* pour le créancier; je puis donner le plus petit insecte; de même serait inutile la convention par laquelle je vous promettrais du blé, du vin; mais je puis très bien vous promettre la quantité de blé nécessaire à votre nourriture pendant l'année, car cette quotité, tout incertaine qu'elle est, peut être déterminée. Il était assez inutile de dire tout cela dans un code. Ne confondons pas l'objet certain avec le corps certain, qui indique une individualité physique.

Une cause licite DANS *l'obligation.* Dans un sens philosophique, la cause, c'est tout ce qui produit un effet (cause efficiente); c'est encore le motif qui détermine notre volonté (cause impulsive). Ici, on entend par cause le but immédiat que se propose la partie qui s'oblige. C'est une expression bizarre; on ne se préoccupe pas des motifs personnels qui ont déterminé l'obligé. Pour l'acheteur, la cause de son obligation, c'est l'objet qu'il achète; la cause des obligations du vendeur, c'est la créance qu'il acquiert contre l'acheteur; la cause des obligations de chaque partie est ce qu'elle acquiert de l'autre dans les contrats onéreux. Un homme croit à tort avoir des dettes considérables et vend sa maison; la vente est parfaitement valable, la cause de son obligation, c'est le prix qu'il reçoit de l'acheteur. Au contraire, d'après un testament, je vous dois du blé. Nous faisons novation pour de l'argent; puis nous trouvons que le testament est révoqué; je ne vous dois pas l'argent, car cette obligation avait pour cause l'extinction d'une dette de blé: or je ne vous en devais pas.

Remarquons la singulière locution employée par le Code et par Pothier : cause licite *dans* l'obligation.

Ajoutons à l'art. 1108 la *lésion* qui, quelquefois, vicie la convention, mais seulement dans des cas particuliers. Pothier a traité la lésion à part; le Code s'en occupe en parlant du consentement.

1. *Du consentement.*

1109. Le législateur, dans cette section, ne s'occupe pas des cas où il n'y a pas de consentement du tout, mais des cas où il est vicieux. Il est possible qu'on présente des traces d'une manifestation qui n'a pas existé réellement : c'est là une question de preuves. Si la personne qui a fait les actes, manifestant la volonté, était dans un état momentané de démence ou d'ivresse complète, le juge reconnaîtra que la manifestation n'était qu'un acte purement physique, qu'il n'y a pas contrat : c'est une appréciation de faits. Voyons les cas où il y a un consentement, mais un consentement vicieux. Il n'y a pas de consentement, dit l'art. 1109, s'il n'a été donné que par erreur, extorqué par violence, surpris par dol. Erreur, violence, dol, pourquoi ces trois distinctions? qu'importe qu'il y ait dol, puisque l'erreur suffit pour vicier le consentement, et que toutes les fois qu'il y a dol, il y a nécessairement erreur? Répondons qu'il y a des cas où l'erreur annule le consentement quand il est causé par le dol, et où l'erreur toute seule ne le vicierait pas. Ainsi, nous avons dit que celui qui vend sa maison pour payer des dettes qu'il n'a pas s'engage valablement; il en serait autrement si l'acheteur avait employé des manœuvres pour lui persuader qu'il avait des dettes.

1117. Dans les divers cas de l'art. 1109, si la convention n'est pas attaquée dans les dix ans par la partie dont le consentement est vicié, il est inattaquable (art. 1234). Au contraire, s'il n'y a pas de consentement du tout, chacun peut attaquer et toujours cette apparence de convention. Dans un cas, il y a un contrat, contrat qui n'a qu'une existence maladive sans doute et que l'on peut anéantir facilement, mais aussi que le temps peut fortifier, que la ratification peut guérir complétement; dans l'autre cas, il n'y a qu'une ombre, qu'un souffle peut abattre de quelque part qu'il vienne, sur lequel le temps et la ratification n'auraient aucune puissance, car ils ne peuvent rien sur le néant : *Quod nullum est nullo tractu temporis convalescere potest.*

1110. ERREUR *sans dol.* — Le mot erreur signifie croyance contraire à la vérité d'un fait. L'erreur vicie le consentement, mais dans quel cas? Ici il y a une difficulté sérieuse. On est d'accord sur quelques points : 1° Si l'erreur porte sur la volonté de l'autre partie, si l'un veut parler d'une vente, l'autre d'un louage, il n'y a pas accord de volonté, il n'y a pas *in idem placitum consensus.* 2° Les parties étaient bien d'accord sur la nature du contrat, mais n'avaient pas en vue le même objet. *L.* 9 *ff. de contrah. empt. Ulp.;* l'un pense au fonds Cornélien et l'autre au fonds Sempronien : il n'y a pas encore ici de contrat, et le Code ne s'en occupe pas. Une partie a acheté une chose, croyant qu'elle avait telle qualité, et cette qualité n'existe pas; c'est bien le même objet, le même contrat : c'est ici qu'est la difficulté; à Rome déjà il y avait dissentiment. L'art. 1110 dit que l'erreur est une cause de nullité quand elle tombe sur la *substance* même : mais qu'est-ce que la substance? L'art. 1110 est aussi difficile à expliquer que tous les textes romains. En philosophie, la substance est le support des qualités, c'est une chose métaphysique; en droit, Pothier dit que l'erreur annule la convention non seulement quand elle tombe sur la chose même, mais encore sur la substance *qui est la qualité que les contractants ont eue principalement en vue en contractant*. Et il cite des chandeliers de cuivre argenté que l'on achète pour des chandeliers d'argent. Cet exemple est puisé dans le droit romain. A Rome cependant le système n'était pas celui de Pothier. *L.* 9 § 2 *ff. de contrah. emp. Ulp.;* on s'attache, non à l'utilité de la chose, mais on recherche si elle offre les molécules qui devaient se trouver dans ce que l'on pensait acheter. Ainsi, on veut acheter du vin, on achète du vinaigre : la vente est nulle si c'est du vinaigre de bois, valable si c'est du vin aigri. Dans la loi 14, on achète pour un vase d'or un vase qui n'était que doré : la vente est valable, parce qu'il y a dans la chose une partie de ce que l'on veut acheter. Plus loin, Ulpien dit le contraire pour une table d'argent.

Entendons chez nous, non les molécules élémentaires du corps, mais disons que l'erreur sur la substance existe quand la chose manque des qualités constitutives qui devaient s'y trouver. Cette formule est bien vague, et c'est pour cela peut-être qu'on peut la présenter, parce qu'elle laisse aux juges la latitude nécessaire. Nous nous expliquons très bien des solutions en apparence contradictoires : ainsi, on achète un objet d'un travail admirable, on l'achète à cause de ce travail sans se préoccuper de la matière que l'on croit d'or; cependant il se trouve que l'objet n'est que doré : peu importe, la qualité constitutive n'est pas ici la matière, c'est la main-d'œuvre. Il est facile de voir qu'il en sera tout autrement si la partie a voulu acheter un objet d'or massif où le travail n'était qu'un accessoire : dans le premier cas, ce qu'on achète, c'est un vase sculpté; dans le second cas, c'est un vase d'or. La substance est la réunion des qualités constitutives de la chose, de sorte que si ces qualités manquaient, elle aurait un autre nom, un autre substantif pour la désigner. Ainsi, il y a des objets désignés par un substantif à raison, non pas de la matière, de la destination, mais à raison de l'ouvrier : c'est un Raphaël, un Rubens; cela n'est pas susceptible de plus ou de moins; au contraire pour les qualités accidentelles, par exemple un livre peut être plus ou moins bon, ce n'est pas là une qualité constitutive, l'objet ne change pas de nom dans la langue. De même, ce tableau de Rubens est-il bon ou mauvais, peu importe, c'est toujours un Rubens : l'erreur n'est une cause de nullité que lorsqu'elle tombe sur une de ces qualités constitutives qui n'est susceptible ni de plus ni de moins. Observons que nous ne supposons pas ici un accord formel ou tacite entre les parties pour que l'objet présente telle ou telle qualité : ce serait alors une question d'interprétation, de convention. Il n'est pas nécessaire non plus le moins du monde que l'erreur soit commune aux deux parties : les textes supposent constamment le contraire. L'art. 1110 suppose l'erreur sur la personne : évidemment on ne se trompe pas sur sa propre identité, et d'autre part l'art. ne suppose pas que l'on se présente pour un autre, car alors il y aurait dol.

Cette théorie n'est pas à l'abri des critiques. Comment admettre en pratique qu'on vienne dire : voici l'objet que j'ai acheté et que j'ai voulu acheter, mais je croyais que c'était une montre, et c'est une boussole; il y a erreur sur la substance, donc mon consentement est vicieux. Ne pourrait-on pas répondre : c'était à vous de demander quel était l'usage de cet objet; le marchand n'est pas en faute? Aussi ne doit-on admettre l'erreur que si elle est bien évidente, et même encore pourra-t-on, dans ce cas, imposer des dommages-intérêts à l'acheteur pour ne s'être pas expliqué suffisamment (art. 1382, 1383).

De l'erreur sur la substance distinguons avec soin les *vices* de la chose qui n'est pas dans l'état où elle doit être régulièrement pour le commerce. Il y a là une action qui peut quelquefois aller jusqu'à la nullité du contrat, quoiqu'il n'y ait pas d'erreur sur la substance, et qu'il s'agisse seulement de qualités qui ne sont pas suffisamment développées. Il faut intenter cette action dans le plus bref délai, tandis qu'on a dix ans lorsqu'on allègue l'erreur sur la substance. On peut donc critiquer la rédaction de l'article 1110, lorsqu'il dit que l'erreur n'est une cause de nullité *que* lorsqu'elle tombe sur la substance.

La seconde partie de l'art. 1110 dit : que l'erreur n'est pas une cause de nullité lorsqu'elle ne tombe que sur la personne avec laquelle on a intention de contracter, à moins que la considération de la personne ne soit la cause principale de la convention. Pothier va bien plus loin; il suffit, selon lui, que la considération de la personne soit pour quelque chose. La théorie du Code, quoique plus restreinte que celle de Pothier, n'est pas bonne en législation. Comment! je vais chez un peintre que je crois être Natoire, pour rappeler l'exemple de Pothier, et qui n'est que Jacques; sans lui rien dire qui puisse lui montrer mon erreur, je lui commande un tableau, puis je pourrai poursuivre l'annulation du contrat! Heureusement qu'après avoir admis qu'on n'aurait pas fait faire le tableau si on avait su que ce n'était pas Natoire, ce qu'il ne fera que fort difficilement, le juge pourrait condamner à des dommages-intérêts pour n'avoir pas pris les renseignements convenables. L'art. 2253 reproduit la doctrine de l'art. 1110. La transaction peut être annulée pour erreur sur la personne avec qui on a transigé; il faudra prouver, selon nous, que l'on n'aurait pas transigé si on avait su que c'était une autre personne. Quelques auteurs croient qu'il suffit de prouver qu'il y a erreur sur la personne.

Après avoir passé en revue les différents vices de consentement qui peuvent se trouver dans les contrats ordinaires, nous consacrerons quelques lignes aux vices du consentement dans le mariage, et nous aurons là encore à revenir sur l'erreur sur la personne.

1111. VIOLENCE. — La violence ou plutôt la crainte, résultat de la violence, est le second vice qui peut affecter le consentement. Le consentement existe, seulement on a eu peur; nous ne supposons pas ici qu'on vous a dirigé la main malgré vous, car alors il n'y aurait pas de consentement du tout. L. 21, § 1, ff. *quod metus causâ.* (*glosse.*) *Qui mavult, vult. Voluntas coacta est tamen voluntas.* Jadis il fallait demander au roi des lettres de rescision, car on reconnaissait le consentement quoique extorqué; tandis que, lorsque le contrat était entièrement nul, comme, par exemple, pour l'erreur sur la substance (alors, car nous avons vu qu'il en est autrement aujourd'hui) il n'était pas besoin de lettre de rescision. C'était une sorte de restitution *in integrum* qui vous restituait contre des actes valables.

Il n'est pas nécessaire que la violence vienne de l'autre partie. La loi 1 ff *quod metus causâ* exprime la même idée. On dit souvent que l'édit du préteur est ici rédigé *in rem*, c'est-à-dire d'une manière générale sans désigner la personne qui a causé la crainte, *nec adjicit a quo gestum.* Nous verrons qu'il en est autrement pour le dol dans les deux législations. Pourquoi cette différence? C'est que : 1° dans une société la violence jette plus de trouble et d'effroi que le dol, on est plus disposé à lui ôter tout effet; 2° il est plus facile d'éviter le dol que la violence; 3° il peut très bien arriver qu'on ne puisse indiquer les auteurs de la violence, tandis qu'on ne se laisse guère tromper sans voir celui qui est l'auteur des manœuvres frauduleuses; 4° enfin les gens qui vont jusqu'à la violence sont le plus souvent insolvables.

1112. Le préteur n'accordait pas facilement la restitution pour violence. La loi exige une crainte telle que l'homme le plus courageux n'y eût pas résisté. Pothier trouve cela trop rigoureux, et remarque que ce qui n'eût pas effrayé un homme peut très bien effrayer une femme ou un enfant. Le Code parle d'une violence de nature à faire impression sur une personne raisonnable; il va encore trop loin, car il y a des gens ignorants et superstitieux plus faciles à effrayer que des gens raisonnables. Notre article veut dire qu'une personne ne peut invoquer des motifs de crainte qui ne sont que des prétextes; mais il permet d'avoir égard à la condition des personnes, et on pourra dire que, vu sa condition, il n'y a pas eu de sa part crainte déraisonnable.

Il faut que la violence inspire la crainte d'exposer sa personne ou sa fortune à un mal considérable et présent. Présent, est un mot dangereux pris dans Pothier, qui traduit mal la loi 9 ff *præsentem metum;* il faut qu'il y ait, non mal présent, mais crainte présente, menace présente, pour indiquer qu'il ne suffit pas de soupçonner de mauvaises intentions. Ulpien dit, L. 1, *metus instantis vel futuri periculi.*

1113. On a très bien compris que l'homme n'est pas seul ici-bas, qu'il ne renferme pas en lui-même toutes ses affections, de telle sorte que tout ce qui s'agite autour de lui lui soit complétement indifférent. Il y a des êtres dont la vie, dont la fortune lui sont aussi précieuses que la sienne; s'attaquer à ces êtres, c'est faire violence à sa volonté comme si on le menaçait lui-même. La loi est partie ici d'un point de vue juste et moral; elle a choisi parmi nos proches ceux pour qui la nature nous a donné l'affection la plus sincère, le conjoint, les descendants, les ascendants. Il y a pour eux une présomption de tendresse que la loi ne permet pas de faire tomber. La loi ne parle pas des frères et sœurs, de nos autres parents, de nos amis, il ne fallait pas trop étendre cette cause de nullité; mais les juges pourront fort bien reconnaître que la menace dirigée contre l'une de ces personnes a violenté notre volonté : seulement ils seront ici souverains, et leur arrêt ne pourra être cassé.

1114. La seule crainte révérentielle ne suffirait pas pour faire annuler le contrat.

Un homme au milieu de malfaiteurs, ou de dangers qui menacent sa vie, promet une somme considérable à celui qui l'arrachera à ce péril imminent; ici il n'y a pas violence pour le faire consentir, aussi la loi romaine (L. 9, § 1, ff.) et Pothier (n° 24) décident-ils qu'on ne peut annuler la convention, car le tiers ne reçoit que la récompense promise. Pothier admet cependant que si la promesse est excessive on pourra la faire réduire; cela est difficile à concilier, car en supposant qu'il y ait lésion, on ne peut l'invoquer, puisque ce n'est pas ici un des cas où la rescision pour lésion est admise; les juges pourront reconnaître seulement que la personne avait l'esprit dérangé par la crainte, qu'il n'y a pas eu consentement, et pour récompenser le libérateur, on le considérera en quelque sorte comme un *negotiorum gestor*, on lui allouera une récompense pour son service, mais non comme résultat de la convention.

Il n'y a violence que quand elle est *adversus bonos mores;* ainsi notre article ne s'appliquerait pas si l'on profitait d'un besoin pressant où vous vous trouvez de posséder une chose pour vous la faire payer davantage, ou bien si un créancier menaçait son débiteur d'employer contre lui la voie de la contrainte par corps.

1115. Il est évident que lorsque la violence a cessé, on peut ratifier le contrat, qui dès lors est parfaitement valable. Le Code copie ici tout-à-fait inutilement Pothier : les articles 1304 et 1338 suffisaient.

1116. Dol. — Le troisième vice du consentement résulte du dol. Le dol (*dolus malus*) consiste dans certaines manœuvres employées par l'une des parties pour déterminer l'autre à contracter et la faire tomber dans une erreur sans laquelle elle ne l'eût pas fait. (*Voyez* ff, L. 1, § 2, *de dolo malo*, la définition du dol.)

Il faut que le dol émane de la partie adverse. Dans le droit romain (L. 7, *Pr.*), le dol viciait complétement le contrat de bonne foi; quand il s'agissait d'un contrat de droit strict, le préteur accordait seulement l'exception de dol. Si le dol provenait d'un tiers, on avait contre lui une action *de dolo* pour obtenir des dommages-intérêts.

Pour que le dol soit une cause de nullité, il faut qu'évidemment la partie n'eût pas contracté sans ces manœuvres; il faut qu'il y ait *dolus* dans *causam contractui*, il ne suffirait pas de *dolus incidens in contractum*, du dol qui n'est qu'accessoire et n'a eu qu'une légère influence; il ne donne lieu d'ordinaire qu'à des dommages-intérêts.

L'erreur n'est, par elle-même, une cause de rescision que dans les cas spécialement prévus; mais il en est autrement de l'erreur provenant du dol de la partie.

Le vendeur qui stipule la non-garantie des vices de la chose, et qui le fait par dol, tombe sous l'application de l'art. 1116.

La théorie de l'art. 1116 s'applique dans un cas tout particulier.

Un jugement est considéré comme un quasi-contrat: or il peut avoir été obtenu par dol, en donnant comme vrais des faits reconnus faux; on applique ici l'action en rescision, c'est la requête civile, moyen extraordinaire pour attaquer le jugement. (V. art. 480, § 1er Pr. civ., s'il y a eu dol personnel.)

Est-il nécessaire de dire que le dol ne doit pas être présumé? Une règle fondamentale en matière de preuve, c'est que celui qui veut se placer dans une position exceptionnelle doit faire la preuve. Le dol pourra être prouvé par tous les moyens possibles, même par témoins, car on n'a pu se procurer de preuves écrites de ce dol (art. 1348, 1353).

1118. Lésion. — Après l'erreur, la violence, le dol, qui vicient le consentement, il faut ajouter la lésion, qui produit quelquefois le même effet. La lésion n'est autre chose que le préjudice qu'éprouve la personne qui, dans un contrat onéreux, ne reçoit pas l'équivalent approximatif de ce qu'elle a donné. Dans l'ancien droit, on admettait la rescision pour lésion quand elle était énorme, c'est-à-dire d'ordinaire le double du juste prix (Pothier, n° 33,34) pour les immeubles; il n'y avait pas lieu à rescision pour les meubles qui passent rapidement de mains en mains, et que l'on estimait peu. Quand il s'agissait de partage, il n'était pas nécessaire que ce fussent des immeubles, et il suffisait de la lésion du quart au tiers. Il y avait exception pour les contrats aléatoires et les transactions (édit. de 1560) même quand il s'agissait d'immeubles et de lésion d'outre moitié. Pour un mineur, la lésion la plus minime suffisait (Pothier, n° 40).

Dans la législation intermédiaire on ne modifia rien pour les mineurs; mais pour les majeurs la loi du 14 fructidor an III supprime la rescision sur les immeubles. La loi du 3 germinal an V lève la suspension mise aux actions commencées, mais maintient la loi pour l'avenir. Le Code, art. 1138, pose le principe que la lésion n'est pas en général une cause de rescision des contrats. On conserve l'ancien droit pour les mineurs. Quant au cas où la rescision est admise en faveur des majeurs, l'art. 1313, auquel renvoie l'art. 1118, est aussi peu explicite.

Le Code est plus rigoureux que l'ancien droit; comme lui il admet la rescision pour lésion de plus du quart dans les partages (art. 887, 2°, 1079); mais quant aux conventions relatives aux immeubles, il n'admet qu'un seul cas, celui de la vente, et encore seulement au profit du vendeur (art. 1674-1683). Il n'y a pas lieu à rescision pour tout autre contrat comme l'échange (art. 1610), etc. En outre il faut qu'il y ait lésion non seulement d'outre moitié, mais de plus des 7/12es.

En parlant de la lésion, nous devons citer l'art. 1265 sur l'imputation des paiements; quand le débiteur a accepté une quittance par laquelle le créancier a imputé ce qu'il a reçu sur une dette spéciale, le débiteur peut demander l'imputation sur une autre dette s'il y a eu dol ou même seulement surprise de la part du créancier; et en effet, il serait bien facile, dans une pareille matière, de tromper le débiteur.

Les mineurs ont dix ans depuis leur majorité pour intenter l'action (art. 1304). La loi ne fixant pas de délai pour le cas de partage entre majeurs, c'est dix ans aussi d'après la règle générale; pour le vendeur d'immeubles, c'est seulement deux années.

Les différentes rescisions qui nous ont occupé jusqu'ici peuvent-elles s'exercer contre les successeurs de la partie? Oui sans doute pour les successeurs universels ou à titre universel, mais *quid* contre les acquéreurs à titre particulier? Par la convention viciée, il peut y avoir non seulement obligation, mais encore souvent translation de propriété; soit une vente d'immeubles (pour éviter l'application de l'art. 2279), l'acheteur coupable de dol ou de violence le revend ou le donne, le vendeur primitif peut-il par une action en rescision reprendre l'immeuble entre les mains du sous-acquéreur? Oui, répond-on dans un premier système, sans aucun doute, et on invoque les art. 2182, 2°, 2125 et 1681. Un autre système distingue et fait une exception pour le cas où l'action en rescision provient du dol; on part de ce principe : l'action en nullité pour dol est fondée, non précisément sur le vice du consentement, mais plutôt sur ce que celui qui a causé le dol est tenu de le réparer; et en effet, le dol provenant d'un tiers n'est pas pris en considération, l'erreur cependant est la même: ainsi nullité si c'est le contractant, dommages-intérêts si c'est un tiers; cette action ne peut donc être opposée à des tiers acquéreurs de bonne foi, le premier acquéreur pourra seulement être tenu de dommages-intérêts. A ce système ingénieux nous répondons: l'art. 1109 est précis, il dit qu'il n'y a pas de consentement valable; la loi, à tort ou à raison, met les trois vices sur la même ligne, on ne peut faire de division arbitraire. De ce qu'on exige que le dol vienne de la partie, il n'en faut pas conclure qu'il ne vicie pas le consentement: seulement, on néglige un cas où le consentement est vicieux également, et cela pour éviter des procès; l'acquisition est donc également vicieuse, qu'il s'agisse de dol, d'erreur ou de violence, et le sous acquéreur n'a pu acquérir plus de droit que n'en avait son vendeur; sans doute ce sous-acquéreur ignore le dol et mérite faveur, mais il peut ignorer aussi l'erreur et la violence. Adopterons-nous donc le premier système? Non, voici le nôtre: remarquons d'abord que jamais le législateur n'a pensé à cette question Les art. 1109 et suiv. ne traitent que des conventions productives d'obligations, et il ne faut pas trop s'attacher à la lettre de notre section quand on s'occupe des droits réels résultant des conventions; voyons plutôt l'esprit de la loi. Le législateur admet que le vice résultant de la violence ou de l'erreur peut être opposé à une personne qui en est innocente; dans le dol, au contraire, le législateur ne voit qu'un vice relatif; il est donc contre l'esprit de la loi que la nullité résultant du dol puisse être opposée à un tiers acquéreur. Soient deux acquéreurs indivis de ma maison, l'un a usé de dol, et non l'autre, la vente est valable pour la portion indivise de celui ci, tout le monde l'admet, et cependant mon consentement ne peut pas être divisé: je ne puis opposer cette nullité au co-acquéreur de bonne foi, et je pourrais l'opposer à un sous-acquéreur encore plus étranger au dol! Une personne usant de dol me détermine à lui donner un mandat pour vendre ma maison, il la vend, la vente sera très valable, car l'acheteur n'a pas pratiqué de dol; quand je vends à une personne qui a usé de dol, est-ce que je ne la présente pas au public comme pouvant disposer de ce bien? Quelle différence pour les tiers de traiter avec cet acquéreur ou mon mandataire? Donc toutes les fois que le vice ne pourra être opposé qu'à celui qui a commis la faute, c'est-à-dire en cas de dol, je ne pourrai l'opposer au tiers de bonne foi. Nous arrivons à la même solution que le 2e système, mais par une voie différente, nous ne nous basons pas sur ce qu'il n'y a ici qu'une action en dommages-intérêts. Peut-être pourrait-on dans le cas de dol voir s'il y a eu du sous-acquéreur acquisition gratuite ou onéreuse. (L. 4, § 29 et 31 *ff. De doli mali et met. except. Auctoris dolus emptori non objicitur.* — Art. 1167, Cod. civ., 446, 459, Cod. de com.).

Après avoir examiné les qualités que doit présenter le consentement pour être valable, voyons quand il faut que l'accord des deux volontés ait lieu pour former ce consentement; il n'est pas nécessaire que l'acceptation intervienne immédiatement après les offres; mais il n'y a contrat que lorsqu'elle a été manifestée expressément ou tacitement : l'auteur de la proposition reste libre jusque là de la révoquer; il en serait autrement s'il avait renoncé explicitement ou implicitement à la faculté de retirer sa proposition avant une certaine époque : toutefois nous pensons qu'il pourrait le faire tant qu'elle ne serait pas parvenue à la connaissance de celui à qui elle était adressée. D'un autre côté, le contrat devient parfait par le seul consentement : donc l'auteur des offres ne peut les révoquer après leur acceptation, quoiqu'il n'en ait pas encore connaissance. L'acceptation donnée à une époque où l'auteur des offres avait perdu sa capacité ne produira aucun effet : seulement, celui qui avait accepté sans connaître ce changement d'état pourra quelquefois être recevable à demander des dommages-intérêts.

2° *De la capacité des parties contractantes.*

1123. Une des quatre conditions requises par l'art. 1108, c'est la capacité de la partie qui s'oblige. Le contrat étant éminemment du droit des gens, il n'est pas nécessaire que l'on vous déclare capable de contracter, c'est la règle générale : pour être incapable, il faut un texte de loi. Ne confondons pas l'incapacité purement légale de contracter dont il s'agit ici avec l'incapacité naturelle de consentir, qui rentre dans les vices du consentement. L'incapacité du contractant n'est exigée que pour la validité de la convention et non pour sa formation; au contraire, la capacité de consentir est essentielle à l'existence même du contrat. Supposons dans un cas un enfant à peine en âge de parler, et dans l'autre, un jeune homme de vingt ans prêt à sortir de tutelle, la différence est sensible.

1124. 1125. Les personnes incapables de contracter ne le sont pas toutes de la même manière : les unes ne peuvent faire aucun contrat, il faut qu'elles soient représentées, le mineur, l'interdit: d'autres doivent être seulement assistées, autorisées, le mineur émancipé, la femme mariée. L'art. 1114 porte : Les incapables de contracter sont : les mineurs, les interdits, les femmes mariées, dans les cas exprimés par la loi. Ces derniers mots tombent-ils sur tout ce qui précède ou seulement sur les femmes mariées? Dans son discours, M. Bigot de Préameneu les applique seulement aux femmes mariées, mais il ne fait pas mention des mineurs émancipés: aussi fait-on tomber sur les mineurs ces mots : dans les cas exprimés par la loi, c'est-à-dire quand ils ne sont pas émancipés. Il serait difficile de les appliquer aux interdits, car la loi ne leur permet de faire aucun acte (art. 502); mais on entend par interdit, *lato sensu*, tous ceux qui ont un conseil judiciaire, et l'on peut ainsi appliquer aux trois classes d'incapables la fin du paragraphe qui nous occupe. Cela n'a du reste qu'un intérêt de classification.

Les mineurs sont représentés par leur tuteur et n'interviennent pas eux-mêmes, excepté pour le mariage et les conventions matrimoniales (art. 75-1095-1398).

Voyons rapidement, car ce sont là des questions de rescision : 1° Si les actes qu'un mineur émancipé ou non fait hors des cas où il peut les faire ne peuvent être rescindés qu'en prouvant la lésion; 2° Si dans les cas où le tuteur a fait un acte dans les limites de ses fonctions, il peut être rescindé pour lésion; 3° Si, quand le tuteur a excédé son mandat, il est besoin de prouver la lésion pour attaquer l'acte. Le tuteur représente le mineur dans tous les actes civils, il fait tous les actes d'administration; dans cette limite, le mineur ne peut se faire restituer, quand même l'acte serait lésif, autrement les mesures protectrices du mineur tourneraient contre lui. Au surplus, le tuteur est tenu des dommages-intérêts résultant d'une mauvaise gestion (art. 450). Quant aux actes qui ne sont pas de pure administration, la loi a pris soin de prescrire des formalités spéciales : quand elles ont été observées, les mineurs sont considérés, relativement à ces actes, comme s'ils les avaient faits en majorité (art. 1314, 935, 461, 2052); lorsqu'elles ont été négligées, le mineur n'est point lié, puisque le tuteur a excédé les limites de son mandat : l'acte est nul sans qu'il soit nécessaire de prouver la lésion. Cependant, comme on ne peut donner à cet acte émané du tuteur moins de force qu'à celui qui émane du mineur, l'action en nullité se prescrira par dix années; cette opinion, généralement admise, n'est peut-être pas rigoureuse. Le mineur non émancipé peut faire tous les actes que le tuteur eût pu faire lui-même sans autorisation; mais alors il est restituable en cas de lésion : *minor restituitur non tanquam minor sed tanquam læsus.* Si l'acte est du nombre de ceux que le tuteur n'eût pu faire lui-même sans formalité spéciale, il est annulable, bien qu'il n'en résulte aucune lésion, sauf à l'autre partie à se faire tenir compte de ce qui a tourné au profit du mineur. Le mineur émancipé n'est restituable que dans les cas où le majeur le serait lui-même, lorsqu'il s'est renfermé dans les actes de pure administration. On le considère comme non émancipé à l'égard des actes qu'il ne peut faire sans l'assistance de son curateur ou sans formalités particulières. En conséquence, il est restituable contre ces actes, mais seulement pour cause de lésion. Cependant il peut faire réduire ses engagements lorsqu'ils sont excessifs (art. 484).

Les femmes mariées sont en principe incapables, non seulement de donner, d'hypothéquer, de recevoir, mais encore de s'obliger, de contracter; elles ne peuvent, par exemple, accepter de mandat sans autorisation (art. 220). La femme séparée de biens ne peut qu'administrer, et non pas s'obliger sur son mobilier, quoiqu'elle puisse l'aliéner; quand elle est marchande publique, elle peut contracter pour son commerce.

Les interdits ne peuvent faire aucun acte; l'acte existe, mais il peut être annulé sur la simple présentation du jugement d'interdiction (art. 502). Il y a des interdits dont le Code civil ne parle pas (voir art. 29 Cod. pén.).

L'incapacité du mineur, de l'interdit, repose sur une pensée de protection que la loi devait accorder à la faiblesse de l'âge ou de l'intelligence; l'incapacité de la femme mariée repose sur la puissance maritale : aussi les personnes capables de s'engager ne peuvent-elles opposer ces incapacités relatives; l'incapacité ne rendant pas l'acte radicalement nul, l'annulation n'en peut être demandée que par ceux au profit de qui elle est établie dans les délais et sous les restrictions auxquels l'action se trouve soumise (art. 1304, 1308, 1311, 1338). Jadis le contrat que la femme avait fait était nul pour violation d'un principe d'ordre public, et tout le monde pouvait le faire tomber (Pothier, n° 52). Aujourd'hui il n'y a que la femme, le mari et les héritiers de la femme.

Dans un contrat synallagmatique, l'incapable a le choix ou d'exiger l'exécution du contrat ou d'en poursuivre la nullité, mais il est clair qu'il ne peut diviser. L'incapable ne peut être poursuivi pour inexécution de son obligation; mais il faut concilier cette règle protectrice avec cette autre de morale, que nul ne doit s'enrichir aux dépens d'autrui, et il sera tenu *quatenus locupletior factus est*.

L'art. 1124 indique une quatrième classe d'incapables, ceux à qui la loi a interdit certains contrats. Ce sont des personnes parfaitement capables en principe, mais que des textes spéciaux ont frappées de quelque incapacité, à raison de circonstances particulières : art. 499, 513, celui qui a un conseil judiciaire ne peut faire certains contrats; 1595, le contrat de vente ne peut, en principe, avoir lieu entre époux; 2045, 472, le tuteur ne peut traiter ni transiger avec son ancien pupille qu'après la reddition des comptes depuis dix jours; 450, 453, il ne peut acheter ni prendre à ferme les biens du pupille; 1840, il ne peut y avoir de société universelle entre personnes incapables de s'avantager. Voir encore 1596, 1597; art. 39 de la loi du 30 juin 1838 sur les aliénés. Les corporations, les communes sont soumises à quelques incapacités, il leur faut alors l'autorisation du gouvernement.

APPENDICE.

Vices du consentement dans le mariage.

181, 182. C'est ici une matière toute spéciale, en dehors des contrats ordinaires, et qui doit être régie par des règles spéciales; il y a cependant de l'intérêt à les comparer avec celles que nous venons de tracer. Il peut y avoir vice de consentement par erreur ou violence, et puis aussi parce que l'époux a été privé des lumières qui devaient le diriger dans un acte aussi important.

L'époux a donné son consentement, il y a donc mariage; mais ce consentement n'a pas été libre, il pourra donc l'attaquer. Les art. 1111 et 1114 pourront guider le juge, mais ne le lieront pas. Les contrats ordinaires peuvent aussi être annulés pour dol; ce vice ne se retrouve pas dans l'art. 180, il n'admet que la violence et l'erreur sur la personne qui correspond à l'erreur sur la substance ce n'est point un oubli du législateur, il a voulu, dans une matière aussi délicate, éviter des procès continuels où l'on serait venu alléguer qu'on vous aurait donné des espérances trompeuses.

L'erreur dans la personne est un cas de nullité relative. On a épousé une autre personne que celle qu'on voulait épouser; mais quand sera-t-on dans ce cas? Faut-il citer l'exemple de Lia et de Rachel? mais cela ne peut guère arriver. J'épouse bien la femme que j'ai en vue, c'est bien la personne physique, mais on me l'a présentée pour une autre, le mariage est nul. Cela ressort de la discussion du conseil d'État, qui rejeta les distinctions que le premier consul voulait admettre sur la bonne ou la mauvaise foi de la femme.

L'erreur sur la personne morale suffit donc; l'art. 181 déclare la demande non recevable lorsqu'on a cohabité six mois depuis l'erreur reconnue : or l'erreur sur la personne physique se reconnaîtrait de suite. Les tribunaux devront bien examiner en fait si l'erreur a été réellement déterminante. Il ne faut pas aller au-delà, et donner l'action en nullité pour d'autres cas, par exemple, si j'épousais une personne que je croyais fille légitime et qui n'est que fille naturelle ; de même si on a été frappé d'une peine afflictive ou infamante qu'on avait cachée; peut-être avant l'abolition du divorce aurait-on pu décider le contraire, par application de l'art. 232.

Les contrats ordinaires peuvent être validés : 1° par la ratification expresse; 2° par la ratification tacite ; 3° en laissant passer le temps accordé par la loi. L'art. 181 indique formellement la ratification tacite et admet évidemment la ratification expresse; quant à la prescription de l'action, il faut admettre celle de trente ans, qui domine tout le Code, et non celle de dix ans, spéciale aux contrats ordinaires.

182. Nous avons vu le cas où l'époux n'a cédé qu'à la violence, ou est tombé dans une erreur sur la personne. Il y a des cas où il n'y a ni erreur ni violence proprement dites, et où cependant l'époux peut attaquer le mariage : c'est lorsque, à cause de son peu d'expérience, la loi exige qu'il apporte le consentement de certaines personnes; lorsqu'il en a été privé, on suppose qu'il n'a été entraîné à contracter mariage que par séduction, son consentement n'a pas été éclairé; il a donc lui-même l'action en nullité; mais la séduction peut continuer, l'autorité des parents a été méconnue; on doit donc leur accorder aussi l'action en nullité : c'est un droit nouveau introduit par le Code.

Quand le consentement des ascendants aura été vicié par la violence ou l'erreur, il sera nul, et par conséquent ce que nous venons de dire devra s'y appliquer. Ce consentement doit être aussi entier, aussi complet que celui de l'époux lui-même.

183. Dans les cas où le mariage pourra être attaqué pour défaut de consentement des parents, il y aura deux manières de couvrir l'action en nullité : 1° les personnes dont le consentement est requis pourront ensuite donner leur consentement; ce que Justinien défendait, c'était un nouveau mariage. Ce consentement peut être exprès ou tacite; 2° elles n'attaqueront pas le mariage dans l'année où elles en auront connaissance.

La confirmation des parents emporte la perte de l'action pour l'époux, tandis que l'époux ne perd l'action que pour lui lorsqu'il ratifie; le seul mode de ratification que la loi lui offre, c'est de rester une année sans attaquer le mariage depuis qu'il a atteint l'âge compétent. Répétons, en finissant, que nous n'avons pas entendu parler des cas où il n'y a pas de mariage du tout, pas plus que nous n'avons parlé des cas où il n'y ait pas de contrats.

3. *Objet et matière des contrats.*

Ne confondons pas, comme le Code, l'objet de l'obligation (1129, 1130) avec l'objet du contrat (1126-7-8). L'objet du contrat, c'est la chose à cause de laquelle intervient le contrat; l'objet de l'obligation, c'est le fait ou l'abstention promis. Ainsi, dans la vente d'une maison, pour le vendeur l'objet du contrat est la maison, l'objet de son obligation est de transférer la possession de la maison.

1126. Tout contrat a pour objet une chose qu'une partie s'oblige à donner, à faire ou ne pas faire; c'est la répétition de l'art. 1101. Ici le mot chose n'a pas le sens qu'il a d'ordinaire dans la langue du droit, où il signifie un objet ou une collection d'objets. Dans l'article 1126 il est pris comme fait et même comme abstention. Pothier a soin de distinguer le fait de la chose à procurer. L'objet d'une convention peut être aussi l'extinction d'une obligation.

1127. On peut s'obliger à fournir la chose dans son entier, en propriété ou seulement un démembrement; on peut convenir de vous donner la simple possession. Une créance peut être l'objet d'un contrat, on peut transférer une créance, cela ne se pouvait pas à Rome. (Voy. art. 1689 et suiv.)

1130. On peut donner pour objet à son obligation une chose future. On entend par chose future, des choses qui n'existent pas encore, mais dont on attend l'existence (Pothier, 132), les fruits, la récolte à naître. S'il n'y avait pas de récolte, l'obligation s'évanouit faute d'objet; de même s'il n'y avait presque rien; mais si les parties avaient entendu vendre la chance d'une récolte, c'est un contrat aléatoire qui subsistera quoiqu'il n'y ait pas de récolte du tout. C'est là une question d'interprétation; le prix devra guider.

1128. Il est des conventions de telle nature qu'elles ne sont pas valables : 1° parce que l'objet n'est pas dans le commerce; 2° parce que la prestation à faire ne serait d'aucune utilité pour le créancier.

I. L'objet n'est pas dans le commerce : 1° parce qu'il n'existe pas et ne peut pas exister; 2° parce que la loi, pour différents motifs, l'a formellement décidé ainsi; 3° la chose pourrait ne pas être impossible, mais certaines circonstances la rendent telle (art. 1601). L'objet a péri; si le promettant savait qu'il s'obligeait à quelque chose d'impossible, il pourra être condamné à des dommages-intérêts. Par exemple, il sait que l'objet qu'il promet a cessé d'exister; il sait qu'il ne lui est pas possible de bâtir une maison, parce qu'il est tout-à-fait étranger à cette matière. Rappelons ici les choses qui ne sont pas dans le commerce, parce qu'elles sont du domaine public.

Il y a des impossibilités morales (Inst., liv. 3, § 24, *De inut. stip.*). Est nulle la promesse d'un fait illicite ou d'abstention quand on devrait faire (art. 1131-1133). C'est une appréciation quelquefois assez difficile que celle de rechercher si un contrat blesse l'ordre public ou les bonnes mœurs.

Il y a des choses qui ne sont pas dans le commerce pour tout le monde, parce que la loi y a vu des dangers et n'en permet le trafic qu'à certaines personnes. Telle est la vente des poisons et des armes.

1130. On ne peut renoncer à une succession non ouverte ni faire à ce sujet aucune stipulation même avec le consentement de celui de la succession duquel il s'agit. Voici une défense générale qui nous vient du droit romain : on permettait cependant les pactes sur les successions futures quand le *de cujus* y consentait (L. 15 et 30 au Cod. *de pact.*). Le droit français ancien suivit le droit romain, mais il admettait que par contrat de mariage on pouvait donner une succession future ou même y renoncer. Aujourd'hui il ne reste plus de tout cela que les institutions contractuelles (art. 1082 et suiv.); mais on ne peut même par contrat de mariage renoncer à une succession future (art. 791-1389-1600). Plusieurs raisons ont poussé le législateur : 1° on ne veut pas qu'une personne s'enchaîne irrévocablement ; ce n'est qu'au moment de la mort qu'on peut en connaissance de cause récompenser ou punir en disposant de ses biens. Le partage des ascendants (1075) n'est pas une exception ; c'est une véritable donation ; 2° il est à craindre que la volonté de celui qui renonce d'avance ne soit pas bien libre et ne soit pas donnée en parfaite connaissance de cause. L'art. 761 est une exception pour éviter la concurrence des enfants légitimes et des enfants naturels : l'art. 918 n'est pas une exception, la présence des enfants prouve seulement la sincérité de l'acte ; 3° enfin l'étranger acquéreur pourrait attenter à la vie de celui dont il a acheté la succession future. La loi (art. 815) défend de stipuler qu'on restera éternellement dans l'indivision. Elle restreint aussi la stipulation de l'intérêt de l'argent.

Comme conventions prohibées parce que le bien n'entre pas dans le commerce ; notons qu'on ne peut changer son état, excepté dans les cas où cela est permis et avec les formes légales ; par exemple se marier. Toutes les fois que la loi a voulu qu'une modification ne puisse arriver dans l'état des personnes qu'avec des formalités indiquant une complète réflexion, on ne peut s'obliger par une convention qui vous ôterait votre liberté et détruirait l'effet de la loi. Ainsi est nulle la promesse de mariage sanctionnée par un dédit énorme ; si on est tenu alors de dommages-intérêts, ce n'est plus qu'en vertu de l'art. 1382.

On ne peut se soumettre à la contrainte par corps hors les cas prévus par la loi.

II. Conventions nulles parce que le créancier n'en retirerait aucune utilité : le lien qui unit le débiteur au créancier doit procurer à celui-ci une utilité quelconque ; la loi ne doit pas protéger une entrave apportée à la liberté d'un de ses membres sans avantage aucun pour personne. Et puis l'intérêt étant la base des actions des hommes, comment évaluer celui qu'a le créancier à poursuivre l'exécution d'une obligation qui ne lui rapportera absolument rien (Voy. art. 1119-1121) ? Par suite du même principe, il ne faut pas que l'obligation soit tellement vague qu'il ne soit pas possible de déterminer assez son objet pour que le stipulant puisse en retirer une utilité quelconque (Voy. art. 1108, C. c. Poc. nº 131. ff. l. 94, *De verb. oblig.*). Cette théorie s'applique et aux objets certains qui doivent être suffisamment déterminés et aux quotités et aux obligations de faire ou de ne pas faire.

4. *De la cause.*

1131. Nous avons déjà donné une idée de la cause. La cause, c'est le but que veut immédiatement atteindre celui qui s'oblige. Le motif ne regarde pas l'autre partie : seulement, sa fausseté peut devenir une cause de nullité : 1° si on en a fait l'objet d'une convention ; 2° si l'erreur du motif provenait du dol de la partie adverse.

L'obligation sans cause ou sur fausse cause n'existe pas ; elle est complétement nulle. Lorsqu'il y a bien une cause, mais lorsqu'elle n'a pas les qualités substantielles, l'obligation est seulement annulable : c'est alors l'erreur sur la substance. Pour nous, les mots sans cause ou sur fausse cause sont synonymes, ou plutôt nous ne comprenons pas une obligation sans cause à moins de démence ; il y a toujours une cause dans le contrat, quand ce ne serait que la libéralité.

La cause illicite est assimilée par la loi à celle qui n'existe pas : c'est d'après ce principe que la jurisprudence permet aujourd'hui de répéter les sommes payées par suite d'un traité secret dans la vente des offices. Une convention nulle pour défaut de cause ne peut être ratifiée, ce sera toujours au moins une libéralité.

1132. La convention n'en est pas moins valable quoique la cause n'en soit pas exprimée. C'est ici une question de preuve ; l'art. 1132 est obscur. Des praticiens, confondant la cause et la preuve, prétendaient qu'un billet souscrit qui n'indiquait pas la cause était nul ; cette erreur fut rejetée par la jurisprudence ; le Code a voulu uniquement faire cesser le doute. Où la cause doit-elle être exprimée ? Dans l'écrit qui constate l'obligation, cela ne peut s'entendre autrement (art, 638, 2°, Cod. de comm.). Quand l'écrit constatera un contrat synallagmatique, la cause des obligations sera nécessairement mentionnée; il n'en est pas de même du contrat unilatéral. Je m'obligeà payer telle somme; l'écrit n'indique pas si c'est par suite d'un prêt, d'un dépôt, etc.

On n'a jamais douté de la validité du contrat, puisqu'en général le contrat est valable par le seul consentement; il est question seulement de la validité de la preuve; l'écrit sans cause a-t-il force probatoire? Il y a des cas au Code de commerce (art. 110) où il faut que la cause soit indiquée, sans cela l'écrit n'aura pas la même force; mais c'est une exception remarquable, et l'art. 1132 pose le contraire en principe.

Il y a ici deux systèmes: on s'accorde à dire que l'écrit sans cause est valable: mais, selon quelques uns, il faut de plus que le créancier prouve l'existence de la cause, le montant de ce qui lui est dû se prouvera alors par l'écrit; cela ne s'applique pas, selon ces auteurs, lorsque le billet contient une reconnaissance de la dette; le créancier (1350, 4°) a alors un aveu écrit de l'obligation, ce sera au débiteur à prouver la fausse cause. Cette distinction très subtile a été faite au conseil d'État par M. Threilhard; généralement elle est rejetée. Voilà une pesonne qui a déclaré qu'elle paierait, elle a sans doute un but, c'est à elle à dire le contraire. Quelle différence peut-on raisonnablement faire entre ces mots: Je reconnais devoir cent, ou je m'engage à payer cent? Si on veut que le créancier prouve l'existence de la cause, parce que c'est une quantité essentielle à la validité de l'obligation, il faut exiger aussi qu'il prouve la capacité de la partie avec laquelle il a contracté, l'absence du dol, d'erreur, de violence; c'est un fait positif que l'on soutient, la cause illicite ou l'existence de son erreur sur la cause. Si au lieu de souscrire un billet, on avait payé (art. 1285, 1336), pour répéter il faudrait prouver l'erreur qui a déterminé le paiement; la prétendue impossibilité de prouver un fait négatif serait la même ici.....

Notons l'art. 638 2° du Code de commerce, qui décide qu'en matière de billets de commerce, les billets des commerçants sont censés faits pour cette cause, à moins que le contraire n'y soit énoncé.

CHAPITRE III.

De l'effet des contrats et des obligations.

EFFET DES CONTRATS.

Nous avons déjà signalé l'inexactitude de la rubrique de ce chapitre et la confusion qui existe entre l'obligation, le lien de droit et la convention qui, le plus souvent, lui donne naissance. La convention créera, éteindra, modifiera les obligations et même transférera la propriété. Après avoir vu les effets des conventions, nous verrons les effets des obligations.

DISPOSITIONS GÉNÉRALES.

1134. L'article 1134 proclame un grand principe, celui de la liberté des conventions. On peut disposer de sa chose suivant sa volonté; on peut, par mille conventions, créer avec ses semblables des rapports multipliés; ce sera pour les contractants une loi qu'il ne leur sera pas permis de violer; la convention, cette *privata lex*, aura pour les parties la même autorité que les lois émanées du législateur en ont pour tous les membres de la société. Aucune entrave ne sera apportée à la liberté des contrats, si ce n'est celle qui résulte d'un principe plus sacré encore, la nécessité de respecter l'ordre public et les bonnes mœurs.

C'est un point très souvent débattu que de savoir si l'art. 1134 emporte cette conséquence, que les jugements sont sujets à cassation quand la convention est mal interprétée, comme quand il y a fausse interprétation d'une loi. La règle suivie aujourd'hui par la Cour de cassation paraît être celle-ci : toutes les fois que le tribunal a reconnu l'existence de faits en dehors de l'écrit par des présomptions, des témoignages, la Cour ne casse pas; mais quand le tribunal statue uniquement sur les clauses de l'acte, et qu'il n'a pas donné à ces clauses l'interprétation convenable, il y a lieu à cassation.

La convention ne peut être révoquée que par consentement mutuel, ou pour les causes que la loi autorise. Il faut entendre la première partie de cette phrase avec discernement. Révoquer une convention, ce serait, rigoureusement parlant, l'anéantir rétroactivement, de telle sorte qu'elle fût censée n'avoir pas été faite: or le consentement des parties ne peut pas produire ce résultat; il peut bien éteindre les obligations créées, ou retirer des droits réels qu'on avait transférés, mais il ne peut pas faire que ces obligations ou ces droits n'aient pas existé; si donc dans l'intervalle de la vente à la revente d'un immeuble, on a concédé des servitudes ou des hypothèques, elles subsisteront; si on a transporté à un tiers une partie d'une créance, on restera débiteur de ce tiers pour une partie; ainsi tout ce que peut faire le consentement mutuel, c'est de retransférer les droits réels ou d'éteindre les obligations consenties par la première convention, mais non de faire que cette convention n'ait jamais existé.

L'article est au contraire fort exact quand il dit: que les conventions peuvent être révoquées pour les causes que la loi autorise; ainsi quand je fais résoudre ma vente pour incapacité, violence, inexécution des conventions (1184, Cod. civ.), le contrat est censé n'avoir jamais été formé, l'immeuble est légalement resté mien, les servitudes et les hypothèques dont on a pu l'affecter s'évanouissent; de même la dette contractée est effacée rétroactivement; la cession totale ou partielle qu'on aurait pu faire de cette créance reste non avenue.

Il y a quelques exceptions au § 2 de l'art. 1134; ainsi le contrat de mariage (1395) ne peut, par consentement mutuel, être anéanti pendant le mariage. Dans certains cas il suffira qu'un des contractants demande l'annulation du contrat (voy. art. 1865 et suiv., la Société; 2002-2007, le Mandat). Les contrats produisent donc des obligations irrévocables; et en effet, sans cela, il n'y aurait pas de lien de droit. Se reconnaître débiteur, si l'on veut, ce ne serait pas procurer un avantage appréciable au créancier, la loi ne pourrait intervenir; il en est autrement quand on déclare (art. 1901) que le débiteur paiera quand il pourra et quand il en aura les moyens; il est facile de voir que l'indulgence du créancier n'est pas complétement désarmée, que si le débiteur se refuse à tort à accomplir, le juge pourra l'y contraindre. Quand la loi nous dit (art. 891) que la donation est un acte par lequel on se dépouille irrévocablement, elle semble donc ne rien nous apprendre de nouveau, mais elle veut nous dire que dans ce cas spécial bien des conditions qui, quoique potestatives, ne rendent pas nul un contrat ordinaire, font un obstacle à la validité des donations.

De l'interprétation des conventions.

Les règles de cette matière se rapportent aux conventions en général, quels que soient leurs effets.

1134. C'est encore un principe qui domine tout le Code, et qui en indique bien l'esprit, que celui qui est formulé dans ces peu de mots : *Les conventions doivent être exécutées de bonne foi.* Il faut voir sans subtilité ce que les parties ont voulu. Cependant il y a des contrats où l'on est plus rigoureux que dans d'autres; ainsi dans le prêt, si l'on n'a pas parlé d'intérêts on ne pourra les suppléer, sous prétexte que de bonne foi on ne peut garder de l'argent pendant des années sans en payer l'intérêt (art. 1153); dans la vente, au contraire (1842), on doit les intérêts, quoique rien n'ait été convenu à ce sujet; il y a bien là quelque chose de l'ancienne distinction romaine (voy. encore art. 1846).

1135. L'art. 1135 est la paraphrase de l'art. 1134. Il faut rechercher ce que les parties ont entendu faire, quelle a été leur commune intention, plutôt que de s'arrêter au sens littéral des termes; on recherchera l'usage des lieux, qui peut avoir grande influence; souvent la loi donne des règles d'interprétation de volonté auxquelles il faut se conformer, elle le fait pour diminuer les procès; ainsi, dans une vente, on est censé avoir stipulé la garantie, dans le mariage on est censé avoir adopté le régime de communauté.

1156. La grande règle de l'interprétation des conventions, c'est donc la recherche de l'intention des parties; tout le reste n'est qu'un développement. In conventionibus contrahentium voluntatem potius quam verbas pectari placuit (ff. l. 219, *De verb. oblig.*). Cette règle est encore plus vraie chez nous qu'à Rome.

1157. Quotiens in stipulationibus ambigua oratio est, commodissimum est id accipi, quo res, quà de agitur, in tuto sit (l. 80 ff. *De verb. oblig.*). C'est une règle de bon sens, que répète l'art. 1157.

1158. Les termes susceptibles de deux sens doivent être pris dans le sens qui convient le plus à la nature du contrat. Ainsi, je vous loue pour dix ans ma maison 300 francs, cela signifiera sans doute par an; je vous vends pour 300 fr., cela signifiera une fois payé. De même si l'on parle de réparations, le sens sera autre s'il s'agit d'usufruit ou de location.

1164. Il est une règle de droit, vraie souvent, mais dont il faut craindre l'abus. Inclusio unius, fit exclusio alterius. Le raisonnement *à contrario* peut être souvent rétorqué avantageusement par un argument *à simili*, et surtout par un argument *à fortiori*.

1162. Quand malgré toutes ces règles, le juge n'a pu arriver à démêler le sens véritable, il doit se décider en faveur de la libération; parce que celui qui se prétend créancier n'a pas fait sa preuve, c'est l'application de l'art. 1315 (l. 99 ff. *De verb. oblig.*). Si je veux établir que j'ai cessé d'être obligé, qu'il y a eu remise, par exemple, c'est à moi à prouver, car c'est moi qui viens modifier l'état des choses. Qui est-ce qui a stipulé ici? c'est celui qui a obtenu la remise (art. 1315. 2). L'art. 1602 semble contraire à cette doctrine; il dit que tout pacte obscur s'interprète contre le vendeur, c'est que le vendeur dicte ses conditions (ff. l. 39. *De pact.*). Il doit donc s'imputer de n'avoir pas bien expliqué ce qu'il veut. On applique l'art. 1602 aux clauses seulement que le vendeur a faites; mais s'il s'agit de clauses accessoires proposées par l'acheteur, on les interprétera contre lui; et l'on rentre dans l'art. 1162.

L'article 1119, 1°, dit : on ne peut, en général, s'engager ni stipuler en son propre nom que pour soi-même. Cet article est une énigme sans documents historiques depuis les *Institutes* jusqu'au

Code, en passant par Pothier; on ne pourrait l'expliquer. Il y a deux propositions : 1° On ne peut en général s'engager que pour soi-même. Le législateur défend-il donc de rendre service à un tiers, de le cautionner? cela est insoutenable. Dans les Institutes, § 21 *De inutil. stipul.*, on parle de l'interprétation de certains termes; il est question d'un homme qui a promis qu'un autre ferait pour vous, *qui alium futurum promisit*; il n'est pas tenu, à moins d'avoir ajouté une clause pénale : cela signifie seulement que promettre qu'un autre fera, ne veut pas dire qu'on contracte l'obligation de faire faire par cet autre. Pothier ne s'y est pas trompé : on ne peut promettre que pour soi-même, dit-il; on n'a pas entendu s'obliger ici, donc on n'est pas obligé. Pour exprimer cette vérité si simple d'une manière moins naïve, le Code dit : on ne peut s'obliger pour autrui, ce qui n'est pas vrai; il veut dire : on ne peut par sa promesse obliger un autre à faire; et d'autre part, comme on n'a pas entendu s'obliger soi-même, on n'est pas obligé.

1120. On peut très bien entendre s'obliger soi-même, on s'oblige à déterminer le tiers à faire, et on se porte fort pour lui.

1119, 2°. On ne peut en général stipuler en son propre nom que pour soi-même. On suppose une personne qui agit pour son propre compte et non comme représentant un tiers; c'est pour elle-même qu'elle entend acquérir la créance; elle veut devenir créancière d'une dation qui sera faite à un autre, cela ne se peut pas : voilà le sens de l'article. En effet, que demanderait-il s'il venait à poursuivre, puisqu'il n'a pas d'intérêt? Remarquons, du reste, qu'il est extrêmement bizarre de supposer qu'on a stipulé pour quelqu'un, et qu'on a entendu garder pour soi la créance. Si j'ai stipulé pour moi que vous payeriez à un tiers qui est mon mandataire, alors j'ai un intérêt évident. Pour prévenir toute discussion sur la question d'intérêt, on peut ajouter une clause pénale (Inst., § 19). On ne peut opposer l'art. 1227, car l'obligation n'est nulle ici qu'à cause de l'impossibilité d'évaluer l'intérêt : or la clause pénale fait justement disparaître cette impossibilité.

1121. Nous avons vu l'art. 1120 présenté naïvement comme exception à la première règle de l'art. 1119; voici l'art. 1121 présenté comme exception à la seconde règle. On peut stipuler au profit d'un tiers lorsque telle est la condition d'une stipulation que l'on fait pour soi-même ou d'une donation que l'on fait à un autre. Ce texte vient de Pothier (nº 70); il donne deux sens au mot *condition*. La stipulation que l'on fait accessoirement pour autrui peut être *aut in conditione, aut in modo*. Prenons d'abord le premier sens, celui d'événement futur et incertain. Vous vous obligerez envers moi dans le cas où vous n'auriez pas donné à Pierre telle chose à telle époque; il y a là un événement futur et incertain auquel est subordonnée l'obligation où l'on sera de me donner à moi-même; il est évident que la clause mise en faveur de Pierre n'est pas dénuée de sanction, comme dans le cas de l'art. 1119. Ceci ressemble beaucoup à la clause pénale; je stipule que vous donnerez ce livre à Pierre, sinon que vous me paierez 60. Le deuxième sens est celui où la condition est considérée comme mode, comme charge; c'est surtout dans ce sens qu'il est pris dans l'article. Le contrat principal n'est pas subordonné à une condition suspensive; je vous vends actuellement ma maison telle somme, et de plus à cette condition que vous ferez telle chose pour Pierre; cela arrive tous les jours. Pourquoi cela est-il valable? c'est que le vendeur a un moyen de contrainte, la révocation du contrat principal, il y a une sanction efficace.

La fin de l'art. 1121 est dans un tout autre ordre d'idées; il s'agit de savoir si on peut ôter ou non le bénéfice que l'on fait ainsi à un tiers; il est évident que cette seconde partie ne s'applique qu'au cas où la condition est *in modo*. Peut-on révoquer le bénéfice de cette charge? Non, lorsque le tiers déclare vouloir en profiter. Il y a encore ici confusion dans les idées, et interprétation plus ou moins heureuse de la convention; comment le tiers viendra-t-il ici accepter une chose que je ne lui ai pas promise à lui-même? Le vendeur a stipulé pour lui, n'a pas entendu représenter le tiers, et celui-ci viendra cependant comme si c'était pour lui qu'on eût stipulé; on a brouillé cette matière avec celle du droit romain, où en règle générale on ne pouvait acquérir pour un tiers, par exemple par mandataire. Le Code, quoi qu'il en soit, présume que, lorsque dans un contrat on stipule accessoirement quelque chose pour un autre, on lui fait une offre, de sorte que s'il accepte, le droit lui est transféré. C'est une pollicitation; dès qu'elle est acceptée, il y a transmission du bénéfice de la charge au tiers qui pourra agir. Observons que, quoique ce soit peut-être une donation, il n'y a pas besoin d'en remplir les formalités, car ce n'est que l'accessoire d'un contrat principal.

Quid si le tiers ou le stipulant meurt avant l'acceptation? Nous pensons qu'on ne peut plus accepter; le contrat n'a pas été formé par la jonction des deux volontés, nos héritiers succèdent à nos droits acquis, mais non aux offres qu'on nous fait (v. art. 932). Cependant quelques auteurs ont un autre système; le bénéfice est acquis au tiers sauf révocation; le stipulant peut révoquer tant qu'il vit et qu'il n'y a pas acceptation, mais sa mort fixe le droit du tiers. Mais d'abord cela est contraire au principe que nous formulions tout-à-l'heure, et ensuite nous y voyons de graves inconvénients. On pourrait faire de cette manière son testament sans observer les formalités; ainsi, je vends ma maison et j'ajoute comme condition qu'à ma mort vous donnerez 20,000 fr. à un tiers; je ne le préviens pas, de sorte qu'il ne peut accepter, et que je puis révoquer jusqu'à ma mort. La stipulation accessoire pourrait être faite par les deux parties. Un frère vend une propriété à son frère, et il y a une clause accessoire pour faire une rente à leur mère; il peut y avoir accord pour lui faire une libéralité; ici la révocation avant l'acceptation de la mère ne pourra avoir lieu que du consentement des deux.

Disons un mot du cas où une personne a stipulé pour autrui, au nom de cette personne, et non plus en son propre nom, cela est bien différent; chez nous rien n'empêche de représenter un tiers comme mandataire; on acquiert les droits au mandant, et on l'oblige dans les limites de son mandat (art. 1984). De même, sauf quelques questions de détail, pour le gérant d'affaires. Ici nous abandonnons complétement le droit romain, le droit romain primitif surtout (Inst., § 5, *per quas pers. nob. acq.*). Le procurator agissait pour son compte, et était tenu envers le mandant par l'action *mandati*.

1122. Celui qui contracte est réputé n'avoir pas contracté pour lui seul, mais encore pour ses ayants cause. Il n'y a pas de difficulté pour les héritiers; c'est un principe que les droits réels et les créances leur passent (art. 724) en même temps qu'ils sont tenus des dettes et des charges (art. 1220). Par ayants cause on veut dire quiconque prend la place du contractant; cela comprend les successeurs à titre singulier. J'ai acheté un fonds, puis ensuite j'ai acquis par convention une servitude : je la transmettrai avec le fonds à celui à qui je le donnerai ou je le vendrai; de même si c'est moi qui ai concédé une servitude, j'en transmettrai le fonds grevé; en un mot, je transfère mes droits tels que je les ai acquis, tels que je les ai augmentés, ou tels que je les ai diminués.

On peut décider que telle charge ou tel droit ne durera pas plus que notre vie, on peut convenir aussi qu'il ne pourra pas être cédé à un tiers. Il y a même des cas où par la nature de l'objet de la convention, il n'y a pas de transmission possible; par exemple, un droit d'usage, d'habitation (art. 631-634), le louage d'ouvrage (1795), la société, le commodat (1879). On peut être tenu d'une dette qui s'éteindra à la mort; quand, par exemple, on n'a pas voulu grever ses héritiers d'une libéralité qu'on s'était imposée; le contraire, c'est-à-dire la rente viagère, arrivera plus fréquemment.

Peut-on convenir, non plus que les héritiers n'auront pas tel droit ou telle charge, mais que tel de mes héritiers ne l'aura pas?

Première hypothèse. Soit la dispense de la dette pour un de mes héritiers, cela peut arriver : 1° parce que je reverse sa part sur mes autres héritiers, de sorte que le créancier ne perdra rien. Il n'y a pas de doute que cette convention est nulle; car ce serait avantager un héritier au détriment des autres, et cela ne se peut que par testament ou par donation (art. 895-943). Au premier coup d'œil, l'art. 1221, 4°, pourrait gêner; il vient de Dumoulin et de Pothier, et ne parle que de l'avance que ferait un co-héritier pour la commodité du créancier, sauf son recours contre ses co-héritiers. 2° On convient que l'un des héritiers ne paiera pas sa part, les autres n'en payant pas davantage; ils n'y perdront rien : cependant, du moment qu'à ma mort une portion de la dette est éteinte, l'autre portion qui subsiste ne peut pas ne pas passer à tous mes héritiers, sans

5

cela je modifie l'effet de la loi en matière de succession sans observer les formes voulues. Le pacte produira son effet en ce sens seulement qu'une partie de la dette sera éteinte à ma mort, et l'autre se divisera entre tous les co-héritiers. Le droit romain (ff. L. 13, *de pactis*) reconnaît l'effet de cette convention, cela tient à la facilité avec laquelle on permettait de changer l'ordre des successions, par exemple, par fidéicommis qui naissait même d'un signe.

Deuxième hypothèse. Tout cela s'appliquera quand il s'agira non plus d'une dette, mais d'une créance.

Obligation de donner.

1136. L'obligation de donner, c'est-à-dire de transférer la propriété emporte celle de *livrer* la chose; voilà une règle que le Code n'avait pas besoin de donner. Une autre conséquence moins évidente, mais qui cependant résulte aussi des principes, c'est l'obligation de conserver la chose; nous chercherons plus tard le quantum des dommages-intérêts que peut réclamer le créancier. L'obligation de livrer, et non plus de transférer la propriété, emporte l'obligation de conserver la chose, par exemple, le commodataire et le dépositaire.

1137. Jusqu'où s'étend l'obligation de conserver la chose, de quels soins est-on tenu pour bien remplir son obligation, ce qui revient à se demander de quelle faute est-on responsable? Généralisons la règle de l'art. 1137, et demandons-nous quel soin doit apporter non seulement celui qui doit donner, mais encore tout débiteur d'obligation de faire. Il est évident que dans tous les contrats, les parties peuvent restreindre ou augmenter leur responsabilité; mais on ne peut convenir qu'on ne répondra pas de son dol, ce serait une clause illicite.

Les textes du droit romain ont donné lieu à bien des théories. Une de ces théories, celle de Pothier (n° 142 et suiv.) et de Domat, eut longtemps une grande autorité. On divise les fautes en trois classes : la faute lourde, légère, très légère. Quand le débiteur n'a aucun intérêt, il n'est tenu que du dol et de la faute lourde, c'est-à-dire de la négligence grossière et de la faute que l'on ne commettrait pas pour ses propres affaires; dans les contrats d'utilité commune, le débiteur est tenu de la faute légère, et il doit apporter le soin que donne ordinairement un bon administrateur; il y a là un type abstrait : *bonus paterfamilias;* si le contrat n'a pour objet que l'utilité de l'obligé, par exemple dans le commodat, il est tenu plus sévèrement : on lui demande non pas le soin d'une personne vigilante ordinaire, mais encore tout le soin possible. Cette théorie était sans cesse dérangée par les textes : Lebrun l'avait attaquée très vivement; elle est aujourd'hui abandonnée. Plusieurs lui ont été substituées; l'une d'elles reconnaît encore trois degrés d'appréciation de fautes : la faute lourde *in abstracto* qui approche du dol, la faute légère *in concreto* et la faute légère *in abstracto.* La personne qui reçoit et garde une chose pour la rendre, le fait-elle gratuitement ou y a-t-elle un avantage : dans le premier cas, c'est la faute grave seulement; dans le deuxième, c'est la faute légère qu'il faut rechercher et punir. Les avantages sont-ils réciproques, c'est d'ordinaire la faute *in abstracto :* ainsi il n'y a plus de faute lourde *in concreto*, et la faute légère est généralement appréciée *in abstracto.* Quand on songe à la manière successive dont s'est formé le droit romain, on doit peut-être s'arrêter à ce résultat, qu'il est impossible d'indiquer des règles fixes, et que l'on décidait d'après les appréciations de faits; les règles données par les jurisconsultes et recueillies par les commentateurs serviraient seulement de guide pour le juge.

Les rédacteurs du Code connaissaient très bien le système de Pothier et les objections de Lebrun; dans l'art. 1137, ils annoncent la volonté d'abroger cette distinction fondée sur l'utilité des parties : celui qui doit veiller à la conservation d'une chose doit le faire comme un bon père de famille, *in abstracto;* c'est une règle générale embrassant toutes les obligations. On n'exigera pas de lui plus d'intelligence qu'il n'en a, mais tout le monde peut mettre du zèle; voir art. 450-601-627-1374-1728-1806-1880-1962-2080 : partout on demande le zèle d'un bon père de famille habituel; mais immédiatement après avoir posé cette règle, le législateur semble la détruire en partie. Le deuxième alinéa de l'art. 1137 s'écarte de l'idée d'un type abstrait et unique; il donne aux juges une certaine latitude : l'obligation sera plus ou moins étendue selon qu'il s'agira de tel ou tel contrat. De la règle posée, il résulte le principe général qu'on abandonne l'appréciation *in concreto* : seulement le type abstrait sera plus ou moins parfait (V. art. 1374, 2°. 1992).

A l'art. 1137 rattachons l'art. 804 sur la faute dont est tenu l'héritier bénéficiaire : il n'est tenu que des fautes graves. Cela ne doit pas s'entendre dans le sens de *culpa lata*, faute que le débiteur ne commet pas pour ses affaires; il répondra de sa faute quand il se sera écarté gravement de ce que fait un bon administrateur, quand même il commettrait cette faute d'ordinaire pour lui. Pour l'obligation du dépositaire (art. 1947) les rédacteurs du Code ont dérogé à leur principe : ils admettent la faute in concreto, et cela parce que le dépositaire ne s'est engagé à rien qu'à laisser mettre cette chose parmi les siennes pour la traiter de même; il y a bien des cas où l'obligé n'est pas plus intéressé et où il est moins favorisé. En somme, il est dans l'esprit du Code de ne pas chercher à prévoir toutes les circonstances, et de laisser au juge une certaine latitude dont il doit faire usage dans l'appréciation des fautes.

1138. L'obligation de livrer la chose est parfaite par le seul consentement des parties contractantes : elle rend le créancier propriétaire, et met la chose à ses risques dès l'instant où elle a dû être livrée, encore que la tradition n'en ait point été faite, à moins que le débiteur ne soit en demeure de la livrer, auquel cas la chose reste aux risques de ce dernier. L'art. 1138 offre deux parties bien distinctes : transport de la propriété, qui doit supporter la perte de la chose; la chose, venant à périr, périt pour l'acheteur : il perd sa créance contre le vendeur, mais la créance du vendeur contre l'acheteur subsiste. Cela paraissait inique, et l'on s'habitua à dire que la perte devait tomber à la charge du propriétaire; la convention de vente transférant chez nous la propriété, il s'ensuit que la chose périt pour l'acheteur : c'est pour indiquer la liaison de ces deux idées que les rédacteurs les ont réunies dans le même article. Séparons-les et traitons d'abord du transport de la propriété.

Transport de la propriété.

Rien de plus simple que le droit romain; il y avait des modes solennels très bien définis : *Mancipatio*, *Cessio in jure*, etc. Les autres objets se transfèrent par la tradition, mise à la disposition de l'acheteur décrite avec détail; quant aux conventions, elles ne transfèrent pas la propriété (L. 10 *de pactis* au Cod. ff. L. 3. *Pro. de obli. et act.*). Ces principes étaient le droit commun de la France (Pothier, n° 151-152) : si le débiteur de la chose l'a entre les mains, le créancier peut la faire prendre *manu militari*, quoiqu'il n'en soit pas propriétaire; dans le droit romain primitif, cela ne se pouvait pas : il n'en résultait qu'une condamnation pécuniaire.

Dans le Code, l'art. 711 est obscur quand il dit que la propriété se transfère par l'effet des obligations; le législateur n'osait aborder franchement l'innovation qu'il faisait : nous verrons même qu'il ne s'en rendait pas bien compte à lui-même.

Le seul consentement rend le créancier propriétaire sans tradition aucune : c'est une innovation incontestable comme celle de l'art. 938. Tant que la tradition était un acte matériel qui indiquait que la chose avait changé de maître, elle avait un sens et une utilité; mais quand on en vint à la tradition fictive, quand ce ne fut plus qu'une clause de style, autant valait s'en passer (Pothier. 313 cont. de vente). Les rédacteurs ont adopté cette idée, mais sans avoir l'intention d'opérer une révolution dans le transport de la propriété. Nous venons de dire qu'à l'époque de la confection du Code, il suffisait d'une tradition feinte et s'opérant par la seule volonté des parties; toute convention de transférer la propriété d'une chose contiendra de plein droit la tradition feinte, et la translation de propriété sera accomplie.

Pourquoi l'art. 1138 dit-il l'obligation de *livrer* et non pas l'obligation de *donner*, de transférer la propriété? Les rédacteurs supposent dans l'art. 1136 que l'obligation de donner emporte celle de livrer. Cette obligation de livrer est parfaite par le seul consentement, elle a acquis tous ses effets, elle est censée accomplie en ce qui touche le transport de la propriété; il y a tradition feinte sans qu'on ait besoin de le dire; la livraison aurait eu pour but de transférer la propriété, cela est considéré comme fait. Que voudrait dire : l'obligation de donner est parfaite par le seul consentement? c'est l'effet de toute obligation; mais ce qu'il fallait dire, c'est que l'obligation de livrer produit tous ses effets par le seul consentement, sans qu'il soit besoin de tradition réelle. L'art. 938 le prouve, lorsqu'il dit : sans qu'il soit besoin d'autre tradition (voir aussi art. 1606). Le législateur qui fait la loi, qui n'est pas arrêté par la nécessité de respecter les textes, devrait ne pas admettre de fiction, et dire franchement : qu'il ne sera besoin d'aucune tradition, et que le consentement suffira. Nous aurions ainsi une formule claire et simple; au lieu de cela, voyons le long circuit que fait le législateur pour arriver au même but : 1° la convention de donner crée l'obligation; 2° l'obligation de donner emporte avec elle celle de faire la tradition; 3° la propriété sera transférée par cette tradition; 4° il suffit d'une tradition fictive, or le consentement contient de plein droit cette tradition fictive; 5° le consentement suffit donc pour opérer la translation de propriété.

L'obligation de livrer rend le créancier propriétaire, et met la chose à ses risques dès l'instant où *elle a dû* être livrée. On a attaqué ces mots comme inexacts dans le cas des conventions à terme. Je vous vends pour livrer dans six mois; la propriété est transférée immédiatement, la perte est aux risques de l'acheteur (art. 1182), et cependant la chose ne doit être livrée que dans six mois. Il fallait donc dire : dès l'instant où est née l'obligation de livrer, sans s'occuper de la livraison effective. D'après le système que nous avons développé ci-dessus, nous comprenons la rédaction du Code. Le législateur se dit vaguement : il faut toujours une tradition pour transférer la propriété, mais nous la supposons accomplie dès qu'il y aura convention; la chose est aux risques de l'acheteur dès le moment où elle a dû être livrée pour que la propriété soit transférée.

Sans aucun doute les parties pourraient convenir expressément qu'elles n'entendent donner qu'une créance et non le droit de propriété; si alors on transférait la propriété à un autre, il ne serait dû que des dommages-intérêts; mais une pareille clause serait tout-à-fait insolite.

La propriété transférée par le seul consentement des parties l'est elle d'une manière parfaite , *erga omnes?* L'acheteur est-il propriétaire vis-à-vis de ceux qui, depuis, ont contracté avec le vendeur? L'est-il d'une manière relative ou d'une manière absolue? Faut-il remplir les formalités de la transcription conformément à la loi du 11 brumaire an VII? D'après l'art. 26 de cette loi, le simple consentement a tous ses effets vis-à-vis du vendeur; vis-à-vis de l'usurpateur qui s'empare du bien, on peut agir directement en revendication; vis-à-vis de l'État pour l'exercice des droits politiques, mais non vis--à-vis des tiers qui ont consolidé leurs droits par la transcription avant l'acquéreur.

Selon nous, la convention transfère aujourd'hui la propriété immobilière tout entière envers et contre tous; il en est de même pour les meubles. L'art. 1141 n'est point une restriction, l'acheteur est devenu propriétaire: seulement il pourra perdre sa propriété par la tradition de sa chose à un tiers de bonne foi.

Les rédacteurs du Code n'étaient pas pour la publicité de la transmission de la propriété, qui n'était conservée que dans quelques coutumes du Nord, dites coutumes de nantissement, de vest et devest ou de saisine. Ils adoptèrent l'état de chose existant en fait avant la loi de brumaire, c'est-à-dire de transmission occulte. Cette décision fut attaquée au conseil d'État, et la question fut réservée (art. 1140); il en fut de même au titre de la vente (art. 1583); au titre des hypothèques il fallut bien prendre un parti: le tribunal de cassation et les pays de nantissement réclamèrent pour la publicité; la section de législation présenta deux projets dans les deux systèmes; au conseil d'État on admit en principe la publicité des hypothèques et celle de l'acquisition de la pleine propriété et de ses démembrements. Les articles 91 et 92 du projet qui reproduisaient l'art. 26 de la loi de brumaire furent renvoyés à la section de législation pour quelques difficultés de détail; quand le projet revint au conseil d'État, l'art. 91 avait disparu sans qu'on sache pourquoi.

L'art. 2182, ancien art. 92, indique qu'on a abandonné le système de l'art. 91; il dit : Le vendeur, et non pas la transcription, transmet la propriété. L'art. 834 de procédure est venu corroborer ce système; il a été fait pour donner une utilité à la transcription en empêchant les créanciers hypothécaires du vendeur de prendre inscription; il s'agit d'hypothèques acquises avant l'aliénation.

Il reste encore des traces nombreuses de la loi de brumaire, et la transcription joue encore un rôle important : elle consolide les substitutions (1069-1071), confirme les donations (939), vaut inscription pour le privilége du vendeur (2108), fait courir la prescription de dix ou vingt ans contre l'hypothèque au profit du tiers détenteur (2180), est un préliminaire nécessaire de la purge (2181), fixe le point de départ du délai passé lequel les créanciers du précédent propriétaire ne peuvent plus prendre inscription (834 Proc.).

Il est facile d'attaquer le système adopté par le Code, et de prouver que si le simple consentement ne transfère la propriété que d'une manière relative, l'action personnelle produirait tout autant d'effet; que si, au contraire, il la transfère d'une manière absolue, il y a là de graves dangers, et que notre système hypothécaire est un monument qui repose sur le sable; d'autre part le morcellement de la propriété, la rapidité des mutations qu'elle subit, offriraient des difficultés en pratique. Quelques jurisconsultes, frappés de ces inconvénients, hésitent encore et persistent à croire que la transcription est encore nécessaire pour transférer la propriété à l'égard des tiers, et il faut avouer que les arguments de texte qu'on leur oppose (comme les art. 2182 et 1583) ne sont pas très puissants. Quoi qu'il en soit, la jurisprudence est fixée, et avec raison, selon nous. La théorie du législateur peut être blâmable; mais elle nous paraît conçue dans l'esprit de la transmission occulte de la propriété *ergà omnes*.

Abstraction faite de notre législation, indiquons les différentes faces sous lesquelles on peut considérer la promesse de donner : 1° pourrait-elle donner lieu à la revendication vis-à-vis du vendeur, ou seulement à un action personnelle? 2° La *promissio dandi* peut-elle nuire aux créanciers chirographaires? On peut même, en n'admettant pas la translation de la propriété, permettre à l'acheteur de prendre la chose vendue, mais non encore transférée, de préférence au créancier chirographaire du vendeur. A Rome il n'en était point ainsi, l'acheteur ne venait que par concurrence; cela était peut-être bien rigoureux. 3° Produira-t-elle un effet vis-à-vis des tiers ayants cause du vendeur qui depuis la vente auraient acquis des droits réels sur la chose? Dans un système de publicité la négative serait évidente. 4° Aura-t-elle au moins un effet à l'égard des tiers non ayants cause du vendeur. Par exemple, l'acheteur aura-t-il la revendication contre le voleur ou le détenteur de mauvaise foi? La subtilité du droit romain s'y refusait. 5° Quid à l'égard des ayants cause de l'acheteur? Cela se confond avec la première question.

1141. Voyons ce que le Code décide pour les meubles. L'article 1141 semble déroger à l'art. 1138; la mise en possession, dit-on, est ici pour les meubles que la transcription était pour les immeubles sous la loi de brumaire. Remarquons d'abord la mauvaise rédaction de ces mots : Si la chose qu'on s'est obligé de donner *ou* de livrer, c'est-à-dire de donner et par conséquent de livrer (art. 1136). Deux personnes ont successivement acheté la même chose; qui sera préféré? Ce sera, dit-on, non celui qui a obtenu cette mise en possession fictive de l'art. 1138, qui résulte du simple consentement, mais celui qui a été mis en possession réelle : la possession réelle est nécessaire pour opérer la transmission des meubles; il est vrai qu'on exige la bonne foi du deuxième acquéreur, ce qu'on n'exigeait pas dans l'ancien droit : c'est un tempérament d'équité. Dans la rigueur des principes, le deuxième acquéreur est propriétaire, mais il y a fraude de sa part, je demande la rescision de cette aliénation qui me nuit, à moi, premier acquéreur; j'agis en vertu de l'art. 1167, et c'est pour cela que l'article dit : en *demeure*, non pas en *devient* propriétaire; s'il était de mauvaise foi, il est bien devenu propriétaire, mais il ne le demeure pas. On invoque les art. 1238 et 1303. Nous avons déjà indiqué que nous n'adoptions pas ce système. L'art. 1141 ne déroge pas à l'art. 1138; en ce qui concerne la propriété, la tradition ne joue pas le rôle de la transcription; la propriété a été complétement transférée par le consentement; seulement c'est ici une application à un cas particulier d'une maxime générale qui nous vient du droit coutumier : en fait de meubles, possession vaut titre si on est de bonne foi, ce qui veut dire qu'en principe on ne revendique pas les meubles. Le premier acheteur est devenu propriétaire, il a laissé l'objet entre les mains du vendeur qui en abuse pour le livrer à un deuxième acheteur de bonne foi; celui-ci en devient propriétaire; mais cela n'empêche pas le premier acheteur de l'avoir été aussi : il a perdu sa propriété, il est exproprié, voilà tout. Cela arrive dans une foule de cas : j'ai prêté un meuble, j'en suis certes resté propriétaire; si cependant l'emprunteur le livre à un tiers de bonne foi, celui-ci en devient immédiatement propriétaire. L'art. 1167 ne s'applique que lorsqu'il y a insolvabilité du débiteur : ainsi dans Pothier, où la propriété n'était transférée que par la tradition, il n'y a lieu à rescision de la deuxième vente contre l'acquéreur de mauvaise foi que si le vendeur est insolvable. Rien de pareil chez nous : on reprendra la chose, qu'il y ait ou non insolvabilité, et cela parce que la maxime; en fait de meubles, n'est faite que pour la bonne foi.

Quand il s'agit de dettes *in genere*, et non plus de corps certains, ne faut-il pas alors la tradition? On le dit, mais il est évident que cette tradition n'est qu'un indice de volonté; il faut bien indiquer quel boisseau de blé, par exemple, on veut vous donner; une fois qu'il sera indiqué, la propriété sera immédiatement transférée. Les créances ont pour leur transport un mode tout spécial (art. 1689 et suiv).

Qui doit supporter les risques?

1138. Abordons maintenant la question des risques : il s'agit d'un objet déterminé dans son individualité; car, quand on doit une certaine quantité, le créancier n'est pas propriétaire. Le corps certain vient à périr, le débiteur est affranchi de son obligation (1302); la perte de la chose est un mode d'extinction des obligations. Le créancier n'a plus de créance, car il ne peut y avoir de créance sans objet; il ne peut pas même demander de dommages-intérêts, l'art. 1137 suffirait pour l'apprendre, en obligeant le débiteur à une certaine diligence; s'il a fait tout ce que la loi lui prescrivait, il doit être libéré complétement. Joignons-y cette théorie remarquable, que le débiteur n'est pas libéré quand il y a perte de la chose par son fait volontaire, bien qu'il n'y ait pas faute de sa part : c'est, par exemple, un héritier qui ignore la dette de son auteur; il s'agit de faire subir une perte à quelqu'un, il vaut mieux la faire supporter par l'héritier qui n'a pas fait toutes ses diligences pour connaître ses obligations, ou tout au moins dont le *de cujus* aurait dû laisser des traces (art. 1042, 3°, 1147; — Inst., § 14, 16, *de Legat.*).

Ainsi le débiteur est libéré par la perte de la chose par cas fortuit; mais que devient l'obligation corrélative du créancier? est-il aussi libéré? Dans ce cas, la perte sera en définitive supportée par le débiteur; on discutait déjà en commentant le droit romain. En droit romain et dans notre ancien droit, où la vente ne transférait pas la propriété, on admettait généralement que l'acheteur était tenu de payer le prix, quoi qu'en ait dit Cujas, qui a varié plusieurs fois. *Emptoris damnum est;* la créance de l'acheteur ne subsiste pas moins; à la vérité il n'obtiendra pas la chose. Il y a deux obligations qui résultent bien l'une de l'autre; mais ce sont deux créances qui, une fois qu'elles ont pris naissance, deviennent chacune ce qu'elles peuvent. On faisait échange de créances comme on peut faire échange de chevaux; cela n'est pas injuste, le tout dépend de l'intention; si la chose avait augmenté de valeur, l'acheteur n'aurait pas payé davantage, il a toutes les éventualités (L. 7, § 1er, 8 ff. *de peric. et com. rei vend.*—L. 11, *de evict.*—L. 34, § 6, *de Contrat. emp.* —L. 1, *Code de peric. et com. rei vend.*). Cujas s'appuie sur un texte d'Africain (l. 33, ff. *Locat. cond.*) Ce texte est unique et incident, il ne peut rien contre tous les textes que nous avons cités, il est peut-être particulier au cas d'expropriation de confiscation; c'est une chose à laquelle les parties n'ont pas dû penser. La vente étant un contrat de bonne foi, on n'y aurait pas laissé subsister un résultat inique. Qu'on ne dise pas que cela était contraire à la règle *res perit domino;* celui qui était propriétaire d'un chose en perdait la propriété quand elle périssait, mais le créancier perdait aussi sa créance. Les rédacteurs du Code ont pris une autre voie pour résoudre la difficulté; ils disent : l'acheteur est devenu propriétaire de la chose par le seul consentement; donc, si elle périt, il n'en devra pas moins le prix; et ils invoquent la maxime *res perit domino.* Sous le Code, on ne peut plus dire que l'obligation de payer subsiste par l'acheteur, parce qu'il a acquis une créance, mais parce qu'il est devenu propriétaire.

Si la translation a été faite avec un terme pour la livraison, l'acheteur n'en est pas moins propriétaire, et il ne doit pas moins payer, *secus*, si la chose périt avant l'avénement de la condition. On ne présume pas que l'acheteur s'est chargé d'une chose dont il n'a que l'espérance de devenir propriétaire (art. 1182.—L. 8, ff. *de peric. et com. rei vend.*).

1139. Le débiteur n'est libéré par la perte de la chose que s'il n'est pas en faute; la demeure constitue une faute, et le débiteur continue à être tenu, à moins que la chose n'ait dû également périr chez le créancier; non seulement l'acheteur ne paiera pas le prix, mais encore, dans certains cas, il pourra réclamer des dommages-intérêts. Le mot demeure vient de *mora*, retard; mais dans le langage juridique, ce mot demeure indique non seulement un retard, mais un retard qui n'est pas pardonné par le créancier. La loi française suppose l'indulgence du créancier, à moins que certaines circonstances ne viennent indiquer le contraire; quand l'obligation n'a pas été exécutée de telle manière qu'elle ne peut plus l'être, on ne supposera pas le pardon du créancier. Quand y a-t-il demeure? Le principe du Code est qu'on n'est en demeure que quand le créancier est venu demander la chose : il ne doit pas laisser le débiteur dans une fausse sécurité; il faut une sommation par huissier, ou des actes équivalents, par exemple, une assignation. *Dies non interpellat pro homine.*

Le débiteur peut être mis en demeure par la seule échéance du terme, lorsqu'il en a été ainsi convenu, ou même par suite d'une clause tacite, lorsque l'obligation doit nécessairement s'accomplir dans un délai fixé : vous me promettez votre cheval pour aller à la foire dans trois jours, ou bien un avoué a promis d'interjeter appel, et laisse passer le délai.

Quelques personnes sont mises en demeure par la loi; par exemple : le voleur, celui qui a reçu de mauvaise foi (art. 1302, 1379).

EFFET DES OBLIGATIONS.

De l'obligation de faire ou de ne pas faire.

1142. Après avoir vu les effets du contrat, voyons les effets de l'obligation. Pas de difficulté si le débiteur exécute; mais quels seront les effets juridiques de l'obligation si le débiteur s'y refuse? Il peut se présenter deux cas : 1° l'autorité publique intervient pour me procurer le bénéfice même que l'on m'avait promis; 2° il est possible que l'autorité ne puisse me procurer ce bénéfice même, et qu'à la place elle me fasse remettre une somme d'argent; l'objet de l'obligation se convertira en quelque sorte en une somme, que l'on nomme dommages-intérêts. Quelquefois il y aura cumul, le bénéfice effectif, et en outre des dommages-intérêts, à raison du retard et des dépenses que le créancier a été obligé de faire pour arriver à la réalisation du bénéfice (art. 1143).

Le mot dommage indique la perte réelle éprouvée par le créancier; le mot intérêt indique ce que le créancier aurait eu si l'obligation eût été exécutée et ce qu'il n'a pas faute d'exécution. Quand la faute du débiteur qui a violé l'obligation principale laisse encore subsister la possibilité de l'exécuter, l'obligation accessoire qui naît de cette faute vient s'y adjoindre; quand, au contraire, la faute du débiteur a pour résultat l'impossibilité absolue d'exécuter l'obligation principale, il naît une obligation accessoire qui la remplace au lieu de s'y adjoindre. L'obligation accessoire se présente donc tantôt comme se substituant à l'obligation principale elle-même, tantôt comme adjectice à cette obligation principale.

Voyons le premier cas : rien de plus simple quand la dette sera une somme d'argent ou une certaine quantité de denrées. Si en outre cette dette est constatée par un acte revêtu de la forme exécutoire, on peut faire saisir les biens meubles et immeubles du débiteur pour avoir l'argent qu'il vous doit, ou les denrées, ce qui est à peu près la même chose (Voy. art. 545-551. Proc.): seulement, après la saisie, on fait apprécier avant de continuer les poursuites.

Si la dette est constatée par un acte sous seing privé seulement, ou si c'est une convention verbale, il faut en principe obtenir un jugement pour pouvoir saisir. Il y a des cas exceptionnels où la saisie peut être faite sans titre exécutoire (art. 819-822. Proc.); c'est une faveur accordée au locateur d'immeuble, ou une rigueur contre le débiteur forain qui se trouve dans la commune du créancier. Quelquefois, mais c'est là encore une exception, on pourra employer la voie de la contrainte par corps pour décider le débiteur à la prestation de la somme d'argent (art. 2059 et s. C. c.; 136. Proc.).

Les créanciers peuvent non seulement saisir et vendre les biens du débiteur, mais encore exercer ses actions (1166), faire revenir ses biens entre ses mains (1167) dans certains cas, pour les saisir ensuite et les faire vendre.

Il y a des cas où il ne s'agit ni de sommes d'argent ni de denrées, et où cependant l'autorité nous procurera le bénéfice effectif de l'obligation. Cela se présentera toutes les fois qu'on pourra arriver au but sans exercer de violence sur la personne du débiteur; car *nemo potest cogi ad factum*. A Rome il en était tout autrement; on ne pouvait condamner qu'à une somme d'argent; la force publique n'intervenait que dans la revendication. Pothier nous indique que notre ancien droit s'était éloigné de cette règle, et que l'on pouvait se faire mettre en possession de l'objet promis, *manu militari*. Aujourd'hui cela se fera toujours ainsi quand il s'agira d'une dette de corps certain; de plus le créancier sera souvent propriétaire, puisque la convention lui aura transféré la propriété, mais il aurait le droit de réclamer le bénéfice effectif quand même il ne serait que créancier.

1143. Les articles 1143 et 1145 le prouvent d'une manière évidente. L'obligation était de ne pas faire quelque chose, le débiteur a contrevenu à cette obligation, j'obtiendrai ce que l'on m'avait promis, c'est-à-dire la non-existence de ces travaux, et je pourrai les faire détruire à ses frais.

1144. L'art. 1144 suppose que le débiteur s'est engagé à faire quelque chose sur son terrain, le créancier peut se faire autoriser à exécuter ces travaux. L'article 1142 demande donc des distinctions; il est trop général lorsqu'il dit que toute obligation de faire se résout nécessairement en des dommages-intérêts; que le créancier peut se borner quelquefois à les réclamer, mais aussi qu'il peut quelquefois exiger le bénéfice effectif; le principe est que l'autorité agisse sur les biens et non sur les personnes.

1147. L'action en dommages-intérêts est, comme nous l'avons vu, une sorte de droit nouveau qui compète au créancier quand le débiteur n'a pas procuré ou a procuré trop tard. L'article 1147 donne la règle; il est condamné au paiement de dommages-intérêts s'il y a lieu, c'est-à-dire s'il y a eu perte ou privation de gain pour le débiteur. Il n'en est pas tenu, s'il justifie que l'inexécution provient d'une cause étrangère qui ne peut lui être imputée. Pour qu'il soit tenu, il suffit qu'il y ait eu faute de sa part; il n'est pas nécessaire qu'il y ait eu dol. Le débiteur se prétendant libéré, c'est à lui de prouver qu'il n'est pas en faute (1315).

Une personne a bâti, quoiqu'elle se soit obligée à ne pas le faire, le créancier peut faire abattre; mais il peut aussi ne pas le demander, exiger seulement des dommages-intérêts.

Nous avons dit qu'il pouvait y avoir cumul, l'art. 1143 nous le montre. On peut par exemple faire démolir aux frais du promettant, puis obtenir des dommages-intérêts pour le préjudice causé par la violation de la convention. Le préjudice peut être causé par un simple retard, quand le débiteur est mis en demeure; il faut lui laisser un certain temps moral; le juge peut même accorder un certain délai (1244-1245).

Quand il s'agit d'une obligation de ne pas faire, le débiteur est mis en demeure par le seul fait de la contravention; il ne peut pas dire : Vous deviez m'avertir, je n'y pensais pas. Et puis comment aurait-il été mis en demeure? Les dommages-intérêts sont dus aussitôt.

Des dommages-intérêts résultant de l'inexécution des obligations.

La manière de déterminer la quotité des dommages-intérêts a beaucoup occupé nos anciens auteurs; le Code a simplifié la question, qui offre cependant encore des difficultés. La règle est dans l'art. 1159. Les dommages-intérêts sont en général en raison de la perte qu'on a faite et du gain dont on a été privé. *Id quod interest* se compose du *lucrum cessans* et du *damnum emergens* (ff. l. 13. *rem ratam haberi*).

Nous avons vu à l'art. 1144 que le créancier peut, en cas d'inexécution, faire exécuter lui-même aux dépens du débiteur avec autorisation de justice. Le débiteur devra indemniser le créancier de ses dépenses; en s'adressant à justice, on ne fait autre chose que d'obtenir une condamnation à des dommages-intérêts non encore liquidés : c'est pour que le débiteur ne vienne pas ensuite faire des difficultés, car on est parfaitement libre d'agir sur son propre terrain. S'il s'agissait au contraire de faire un travail sur le terrain même de celui qui a promis le fait, l'art. 1144 aurait une autre portée; on ne demanderait plus alors à justice seulement des dommages-intérêts, mais aussi la permission de se procurer soi-même le bénéfice effectif.

L'article 1149 fait pressentir des exceptions à la règle qu'il donne pour l'évaluation de dommages-intérêts. Mettons de côté les obligations qui n'ont pour objet que des sommes d'argent, l'article 1153 s'en occupe; distinguons s'il y a dol ou seulement faute de la part du débiteur qui n'a pas exécuté ou a exécuté trop tard.

Quand il n'y a pas dol, on part d'une convention tacite qu'on suppose, par laquelle le débiteur s'est engagé à vous tenir compte du dommage ou du défaut de gain qu'on pouvait prévoir à cette époque : c'est là une question d'interprétation. Quand il y a dol, il n'est plus question de convention tacite; le dol n'a pas pu être prévu, le dommage sera réparé dans toute son étendue. Cette théorie du Code était celle de Dumoulin et de Pothier.

1150. Il ne suffit pas qu'il y ait faute ou négligence pour que les dommages-intérêts soient encourus, il faut encore qu'il y ait préjudice. Pothier dit qu'ils le seront surtout *propter rem ipsam non habitam*. C'est là ce que les parties ont dû, en effet, avoir toujours en vue; la valeur de la chose à l'époque de la perte. Voy. art. 1633 et 1635. Ces deux articles distinguent très bien le dol de la faute. Dans le premier cas, on doit rembourser les dépenses même voluptuaires.

Pothier admettait avec Dumoulin que les dommages-intérêts ne dépasseraient jamais une certaine quantité, parce que les parties n'ont pas dû croire à un accroissement démesuré de valeur, et il s'appuie sur une loi de Justinien qui ne veut pas que les dommages-intérêts s'élèvent plus haut que le double (l. *unique au code de sententiis quæ pro eo*). Chez nous il n'y a aucune disposition qui limite les dommages-intérêts; l'art. 1633 dit : toute la valeur que l'immeuble a acquis, et toutes les améliorations utiles.

Les dommages que Pothier appelle extrinsèques sont ceux que le créancier a soufferts dans ces biens et qui ne dérivent pas directement de la chose même; par exemple, un marchand est obligé de déménager et perd ainsi une partie de ses pratiques : ce dommager est extrinsèque.

1151. Dans le cas de dol il n'y a plus lieu d'examiner ce qu'on aurait pu prévoir; on doit indemniser de tous les dommages causés (art. 1635, 1845, C. C. ff. l. 13 *de act. empti et vend.*). Cette règle étant posée, le Code ne veut pas qu'on en abuse et il apporte un tempérament : les dommages-intérêts ne comprendront que ce qui est une suite immédiate et directe de l'inexécution de la convention. Ainsi l'art. 1149 reçoit une restriction même en cas de dol : il ne faut pas que le juge le suive jusque dans ses dernières ramifications; on arriverait à des conséquences telles que les dommages-intérêts ne seraient plus possibles. On ne peut indemniser du *damnum remotum*, car il résulte de causes complexes dont l'évaluation serait trop incertaine; c'est là, selon nous, la véritable raison, car pourquoi ne serait-on pas tenu de réparer tout le dommage qu'on a causé par son dol?

Pour évaluer les dommages-intérêts résultant d'un délit nous appliquerons cette règle : dans les quasi-contrats, nous pensons qu'il y aura lieu à la distinction du dol et de la faute ; pour les quasi-délits on sera sans doute tenu de tous les dommages prévus ou non prévus, qu'il y ait dol ou non, car on ne peut supposer une convention tacite.

1152. Il y a un moyen bien simple de prévenir toute contestation sur les dommages-intérêts; on peut convenir que celui qui manquera d'exécuter paiera une certaine somme à titre de dommages-intérêts (art. 1126 et suiv. C.C. — Inst. § 7 *de Verb. oblig.*). C'est là la clause pénale, c'est la compensation du préjudice que le créancier souffre de l'inexécution de l'obligation principale, ce préjudice est évalué d'avance, à forfait : le Code décide une question controversée, celle de savoir si le juge a le pouvoir d'élever ou d'abaisser la peine dans certains cas, et il décide la négative; il tend ainsi à diminuer les procès et laisse à la convention toute son utilité en évitant les questions d'évaluation qu'on a justement voulu prévoir : c'est l'application de l'art. 1134. Cela est conforme à l'esprit d'une législation qui décide qu'en règle générale on n'est pas restitué pour lésion.

Si le créancier a retiré une partie du bénéfice de l'obligation, le juge peut restreindre proportionnellement la peine. Le créancier peut très bien renoncer à la clause pénale et poursuivre l'exécution de la convention principale. La clause pénale ne fait absolument que remplacer les dommages-intérêts et éviter leur estimation. On ne peut demander à la fois le principal, et la peine à moins qu'elle n'ait été stipulée pour simple retard.

Des dommages-intérêts en matière de sommes d'argent.

Quand l'obligation a pour objet une somme d'argent, il est clair que les dommages-intérêts ne peuvent être prononcés que pour retard et non pour inexécu ion ; il ne peut y avoir conversion de la dette, puisque c'est déjà une somme d'argent que l'on doit : on devra toujours une somme d'argent, plus une autre pour le retard. (Comparez les art. 1147 et 1153.)

Divisons cette matière importante : 1° Évaluation de dommages-intérêts. 2° A partir de quel moment cette dette accessoire prend-elle naissance? 3° Une convention peut-elle modifier le montant des dommages-intérêts ou l'époque de leur exigibilité? 4° Jusqu'à quel point tout cela s'applique-t-il aux intérêts des intérêts?

1153. 1° *Évaluation des dommages-intérêts.* C'est une théorie toute particulière; les dommages-intérêts ne seront plus ici fixés d'après les circonstances; le juge n'aura pas à apprécier le dommage causé et le gain dont on a été privé, il n'y a pas non plus à distinguer s'il y a dol ou faute. Le montant des dommages-intérêts est invariable, et cela parce qu'il y aurait des difficultés insurmontables dans l'évaluation. La fixation des intérêts moratoires avait été faite à 5 p. 100 en matière civile et à 6 p. 100 en matière commerciale (décret du 3 octobre 1789); ce taux fut adopté pour l'intérêt légal de l'argent par la loi du 3 septembre 1807. C'est là toujours ce qu'obtiendra le créancier, jamais plus, jamais moins; sauf les règles particulières au commerce ou au cautionnement, ajoute l'art. 1153. Cette exception veut dire que dans quelques cas particuliers le créancier obtiendra plus que les intérêts moratoires. Dans les lettres de change (art. 177 et suiv. C. de Com.) on obtient du jour du protêt l'intérêt du principal, et de plus le remboursement de tous les frais de protêt, de rechange, de retraite. — Quant au cautionnement (art. 2028. C. C.) la caution a droit à des dommages-intérêts sans compter l'intérêt de la somme. Il y a aussi une exception pour les sociétés (art. 1846, C. C.); l'associé qui n'a point apporté une somme qu'il devait apporter devient de plein droit et sans demande débiteur des intérêts de cette somme sans préjudice de plus amples dommages-intérêts. Cette règle s'explique facilement quand on pense que le but de la société est l'agglomération des capitaux pour se procurer non l'intérêt légal, mais des bénéfices plus considérables.

2° *A partir de quel moment la dette accessoire prend-elle naissance*, c'est-à-dire quand le débiteur est-il en demeure? La loi favorise au.

tant que possible les débiteurs de sommes d'argent qui sont ordinairement dans la gêne; aussi n'applique-t-on pas ici les règles générales de la mise en demeure : les intérêts ne sont dus que du jour de la demande qui est un acte judiciaire; une sommation, et même un commandement, ne seraient pas suffisants. Le Code de procédure (art. 57) nous indique un moyen de faire courir les intérêts autrement que par la demande en justice, c'est par la citation en conciliation, suivie dans le mois d'une instance judiciaire.

Les intérêts courent-ils du jour de l'exploit : bien que l'on n'ait demandé que le capital, soit dans la citation en conciliation, soit dans l'exploit d'ajournement, il est clair que dans les conclusions de l'audience il faut que les intérêts soient demandés, car le juge qui les accorderait sans cela, statuerait *ultra petita*. Mais supposons que les intérêts n'ont été demandés qu'à l'audience, la question est très controversée. Les partisans de l'affirmative disent que les intérêts courent de plein droit, car ils sont dus *propter moram*. Ces intérêts sont des dommages-intérêts ordinaires; l'art. 1153 modifie la règle générale sous deux points de vue, la fixation à *priori* des dommages-intérêts et la nécessité d'une demande pour la mise en demeure; mais voilà tout : une fois mis en demeure, le débiteur doit ces dommages-intérêts. C'était là la règle du Châtelet de Paris. Les partisans de l'opinion contraire observent que l'art. 1153 ne parle pas de capital; il dit : les intérêts ne sont dus que du jour de la demande, ce qui signifie non la demande du capital, mais la demande des intérêts. Les articles 1154 et 1407 prêtent leur appui à cet argument de texte; ils montrent la tendance du législateur qui veut qu'on demande les intérêts. Il est vrai qu'en règle générale la mise en demeure fait courir les dommages-intérêts sans qu'on les demande; mais les dettes de sommes d'argent sont régies d'une manière toute spéciale.

Dans certains cas, la loi fait courir les intérêts de plein droit. Ces cas sont très nombreux et paraissent absorber la règle; remarquons, du reste, les mots de l'article 1153 : les obligations qui *se bornent* au paiement d'une somme d'argent; il s'appliquera à la novation, à une donation non encore effectuée. Dans tous ces cas, en effet, l'objet est unique ; l'obligation se borne au paiement d'une somme, et on ne présume pas qu'on a oublié de stipuler les intérêts, si on avait intention de les demander ; mais si l'obligation est complexe, le législateur tend à faire courir les intérêts de plein droit : car on comprend très bien qu'on peut avoir oublié d'en parler. Ainsi, art.—1652, Vente,— 1846, Société,— 1473, qui se rapproche de la société, — 1996-2001, Mandat, — 1440, en matière de dot qui se compose de libéralités et de contrats à titre onéreux, —1570, le mari débiteur de la dot doit les intérêts de plein droit. — Quand l'obligation ne naît pas d'un contrat il y a des cas aussi où les intérêts courent de plein droit : 609-632, l'usufruitier d'une quotité est tenu des intérêts des dettes; — 455-456, le tuteur doit les intérêts des sommes qu'il n'a pas placées, — 474, du reliquat de son compte. Citons encore, 856, les Rapports,—1372, le gérant d'affaires.

3º *Une convention peut-elle modifier les règles précédentes?* Oui, par rapport à l'époque d'où les intérêts commenceront à courir; on peut les faire courir du jour de la dette du capital : c'est là le prêt à intérêt. Peut-on modifier le taux de l'intérêt légal 5 ou 6 o/o, et appliquer l'art. 1152? Oui, si les parties diminuent les intérêts, *secus* dans le cas contraire; mais il faut distinguer les époques. Sous le Code civil, une pareille convention est licite, il y a réaction contre l'ancienne jurisprudence, les parties sont parfaitement capables de s'imposer les règles qui leur conviennent. Cependant l'article 1907 laisse percer la pensée d'une loi nouvelle qui limite cette entière liberté; cette loi est celle du 3 septembre 1807.

Peut-on stipuler une certaine peine en dehors des intérêts légaux, à raison d'une perte que le défaut de paiement nous fera éprouver? Ainsi, j'ai à exercer à telle époque un réméré, et, pour cela, il me faudra absolument l'argent que je vous prête. Puis-je stipuler de vous que, si vous ne me payez pas, vous m'indemniserez de la perte que j'éprouverai ainsi? L'art. 1153 paraît s'y opposer. A la vérité, tant que la loi de 1807 n'existait pas, on pouvait déroger à l'art. 1153 par une convention formelle ; mais cette loi a fixé les intérêts sans aucune espèce de distinction.

1154. 4° *Jusqu'à quel point toutes ces règles sur les dettes de sommes d'argent s'appliquent-elles aux intérêts des intérêts?* Le retard dans le paiement des intérêts engendre-t-il des intérêts, en supposant que l'intérêt se capitalise pour produire de nouveaux intérêts? c'est ce qu'on appelle anatocisme. Le Code civil, comme nous avons vu, ne donne aucune limite à la convention sur l'intérêt des capitaux, mais il restreint la convention, quand il s'agit d'anatocisme : on ne peut pas faire produire des intérêts à un semestre d'intérêts. Comment expliquer cette restriction d'une part et cette liberté de l'autre? L'anatocisme paraît plus dangereux que la convention la plus élevée des intérêts : les intérêts composés ruinent rapidement le débiteur. À Rome (*ff. L.* 26, *de Cond. indeb.*), on ne défendait que l'anatocisme résultant d'une convention primitive, et non la convention faite à la fin de l'année pour les intérêts échus qu'on ne payait pas, convention qui est moins dangereuse. Justinien (L. 18 *au Cod. de usuris*) défend même cette dernière espèce. L'anatocisme était défendu dans notre ancienne jurisprudence; l'ordonnance du commerce de 1673, art. 2, titre 6, dérogeant à la rigueur du Droit canonique, défend toute espèce d'anatocisme. Le Code permet l'anatocisme, sauf restriction : il faut qu'il s'agisse d'intérêts dus pour une année entière; la convention, la mise en demeure pour un semestre, ne suffiraient pas. Cette disposition présente quelques difficultés : les parties peuvent-elles convenir de capitaliser les intérêts de moins d'un an, non plus les intérêts futurs, mais les intérêts déjà échus? On le soutient en disant : le créancier qui aurait reçu les intérêts échus pourrait les prêter de nouveau, et ce serait un nouveau capital qui produirait intérêt. Cela est en opposition avec l'histoire de notre jurisprudence : les rédacteurs du Code auraient-ils pu admettre cela, eux qui vivaient sous une loi qui défendait complétement l'anatocisme? Le texte de l'art. 1154 est formel, et remarquons qu'il ne parle pas seulement de la convention, mais encore de la demande judiciaire.

La convention peut-elle régler à l'avance la capitalisation des intérêts dus pour une année entière, ou doit-on faire une convention quand les intérêts sont échus? Les deux opinions peuvent se soutenir; l'art. 1154, en effet, ne distingue pas l'époque de la convention. Mais à cet argument de texte on répond par un autre : l'article parle d'intérêts échus et dus, il faut prendre ces mots à la lettre; on fait remarquer la place de ces mots : par une convention spéciale, suivant immédiatement ceux-ci : par une demande judiciaire; on suppose donc les intérêts échus, puisqu'on suppose qu'ils peuvent être demandés.

1155. L'art. 1154 ne s'applique qu'aux intérêts proprement dits; l'art. 1155 indique des exceptions; il est des cas où l'on ne considère pas si les sommes sont dues depuis un an, six mois ou trois mois, il s'agit de revenus échus, tels que fermages, loyers, arrérages de rentes. Les revenus ne sont pas des intérêts, ce sont des fruits civils; mais l'article était nécessaire pour les arrérages des rentes. Selon nous, il n'est question que d'arrérages, de loyers échus : au bout des trois mois, des six mois on pourra les capitaliser; mais ce ne pourra être le résultat d'une convention primitive. Nous ne croyons pas pouvoir admettre le système qui observe que les revenus des fermes, maisons, etc., n'étant pas des produits de sommes d'argent, rien n'empêche de leur faire produire intérêt par une convention antérieure à l'échéance.

Quand le possesseur d'un immeuble revendiqué par le vrai propriétaire est condamné à lui restituer les fruits, c'est-à-dire une somme d'argent représentant la valeur de ces fruits, il est clair que cette somme ne constitue pas l'intérêt d'un capital, et qu'elle pourra produire des intérêts.

Une personne qui a payé des intérêts pour le débiteur a réellement avancé un capital qui peut produire intérêt; ces intérêts même courront de plein droit, si elle était mandataire ou caution (art. 2101-2028).

Celui qui reçoit de mauvaise foi ce qu'on ne lui doit pas doit restituer le capital et les intérêts du jour du paiement (art. 1378).

De l'effet des conventions à l'égard des tiers.

1165. Les conventions n'ont d'effet qu'entre les parties contractantes, elles ne nuisent point aux tiers, et elles ne leur profitent que dans le cas prévu par l'art. 1121. Nous savons qu'on peut être obligé par son mandataire, ou devenir créancier par lui, de même par son gérant d'affaires, par les mandataires légaux que la loi investit elle-même. Il faut rapporter ici les art. 1121, 1319, 1322 et 1351. Quand par une convention j'augmente ou je diminue ma fortune, il est clair que si vous devenez mon héritier, mon représentant universel, vous subirez comme moi-même tous les résultats de mon contrat : de même, si vous êtes mon donataire ou mon légataire universel ou à titre universel, quand après avoir concédé une servitude sur mon immeuble, je vous le vends, il est évident que la servitude aura son effet contre vous; de même, si je vous transporte ma créance, ou si vous vous soumettez à acquitter mon obligation, c'est que dans tous ces cas, vous n'êtes pas pour moi un tiers, vous me représentez à un titre quelconque, *habes causam meam*, vous êtes mon ayant cause. Il faut appliquer la même théorie aux actes émanés de l'autorité judiciaire, *judiciis quasi contrahimus;* pour donc qu'un jugement puisse être valablement opposé, il faut que la chose demandée soit la même, et que la question s'agite entre les mêmes parties.

Quand la loi nous apprend que l'acte authentique fait pleine foi de la convention qu'il renferme entre les parties contractantes et leurs ayants cause, elle exprime la même idée en termes peu clairs il est vrai; cet acte fait pleine foi contre tout le monde, mais la déclaration qui y est contenue ne peut nuire à un tiers, ni lui profiter. En constituant, par exemple, une servitude sur mon fonds dans un acte authentique, je déclare que le champ voisin m'appartient; on ne pourra invoquer cet acte contre le véritable propriétaire. De même, l'acte authentique qui confère un droit réel ne peut nuire à celui à celui à qui on l'a concédé antérieurement. Les ayants cause à qui on peut opposer l'acte sont ceux qui ont succédé à la partie *depuis* la confection de cet acte; l'acheteur, par exemple, est bien l'ayant cause de son vendeur, mais il peut très bien ne pas être l'ayant cause de son vendeur signataire de tel acte, s'il est postérieur à son acquisition. L'acte authentique ou sous seing privé reconnu fait foi contre tout le monde, seulement il n'est pas opposable à tout le monde.

L'exception que l'art. 1165 indique en rappelant l'art. 1121 est bien une exception, puisque nous n'y avons pas vu un cas de représentation tacite. Pothier cite encore (n° 88) avec raison comme exception, le cas de concordat (art. 505, Cod. de Com.) dans lequel la majorité des créanciers du failli fait la loi aux autres. Citons encore le cas de substitution, où l'on charge un tiers de rendre à ses enfants ou à l'un d'eux (art. 1048 et s., Cod. civ., l. du 26 mai 1826), et les institutions contractuelles qui profitent aux enfants à naître du mariage (art. 1081 et s.).

1166. Tous les biens d'un débiteur sont le gage commun de ses créanciers, gage imparfait qui n'empêche pas le propriétaire de disposer de ses biens, et d'augmenter le nombre de ceux qui viendront concourir au partage de son patrimoine, comme aussi toute augmentation qui arrivera à ce patrimoine viendra augmenter le gage des créanciers, car quiconque s'est obligé est tenu sur tous ses biens mobiliers et immobiliers, présents et à venir; si donc un débiteur ne remplit pas son obligation, tout créancier a droit d'agir sur ses biens quels qu'ils soient pour obtenir la somme qui lui est due, ou qui doit lui servir de dommages-intérêts. Or, dans le patrimoine d'une personne se trouvent ses droits et ses actions, *is qui actionem habet ad recuperandam, ipsam rem habere videtur* (*ff. l.* 15 *de div., reg. jur.*), aussi les art. 1166 et 1167 ne sont-ils pas des exceptions à l'art. 1165, puisque les créanciers puisent leurs droits dans les art. 2092, 2093; qu'ils agissent comme ayants cause, et non comme tiers. Si le débiteur a des droits contestés, les créanciers ne pourront plus procéder par saisie, mais ils procéderont au nom de leur débiteur comme il eût agi lui-même (V. art. 557 et s., Procéd.).

Nous ne disons pas que le créancier doit se faire subroger aux droits de son débiteur, nous pensons qu'il l'est légalement, et que le juge vient seulement constater l'existence de cette subrogation, et nous en concluons qu'il peut agir sans titre exécutoire. Du reste, c'est un principe fondamental qu'un créancier ne peut jamais se mettre en possession des biens de son débiteur par sa seule autorité, il faudra donc assigner en même temps le débiteur et le tiers pour faire constater par le juge l'existence de la subrogation. La loi n'accorde pas de prérogatives à celui qui agit le premier : seulement, après certains délais, les créanciers négligents sont forclos. On ne pourrait laisser toujours en suspens les droits des créanciers diligents ; c'est là, pour nous, une preuve de la vérité de cette opinion que le créancier n'a pas besoin de la subrogation judiciaire, car il en faudrait conclure qu'il aurait seul le bénéfice de son action, ce qui n'est pas vrai.

Si le débiteur du débiteur a payé sur les poursuites dirigées contre lui, la chose est évidemment acquise au poursuivant ; car il a reçu ce qui lui était dû ; si ce débiteur se laisse condamner, le bénéfice doit appartenir exclusivement au poursuivant et à ceux qui se sont fait connaître par leur intervention ; la condamnation ne doit pas profiter à ceux qui n'ont pas été parties dans l'instance. En effet, le poursuivant n'a pas agi au nom de tous, mais dans son propre intérêt, jusqu'à concurrence seulement du montant de ce qui lui est dû ; la condamnation prononcée à son profit a lié personnellement le débiteur envers lui ; il est saisi en quelque sorte de la chose comme d'un bien spécialement affecté au montant de sa créance.

Le créancier ne peut entraver son débiteur dans l'exercice de ses droits et actions, il ne peut agir qu'autant que le débiteur refuse ou néglige de le faire lui-même. Il peut cependant par mesure conservatoire intervenir, à ses frais, dans les contestations où son débiteur se trouve engagé (art. 618, § 2, 865, 882, 1447) ; il surveillera ainsi la défense, la complétera, préviendra la fraude ; *melius est jura intacta servare quàm, vulneratâ causâ, remedium quærere ;* et en effet, s'il n'agissait pas ainsi, il ne serait plus recevable qu'en venant prouver la fraude : cela ressort d'une manière évidente des articles précités.

L'action du créancier a pour principe l'affectation tacite à son gage des biens de son débiteur ; les biens qui ne présenteraient pas d'intérêt pécuniaire et appréciable en argent, ceux qui, par leur nature ou par l'effet d'une disposition spéciale de la loi, ne peuvent être exercés que par le débiteur, ou au moins ne peuvent l'être malgré lui, se trouvent dès lors naturellement exceptés : ainsi un créancier ne peut, du chef de son débiteur, provoquer la nullité d'une donation pour cause d'ingratitude (957), quoique cette action passe aux héritiers, tandis qu'il peut très bien en demander la nullité pour cause d'inexécution des conventions. Il ne peut exercer les droits d'usage et d'habitation, qui ne peuvent être cédés volontairement (631-634); le droit d'exercer le retrait successoral (841) étant établi pour écarter les étrangers du partage, ne peut appartenir à des créanciers qui seraient étrangers à l'hérédité comme le cessionnaire lui-même; l'action en dommages-intérêts naissant des délits contre la personne a pour objet moins une indemnité pécuniaire que la réparation d'un tort moral; le silence gardé par l'offensé remet implicitement l'injure, *secus* des délits contre la propriété. Il en est de même de l'action en séparation de corps et de celle en séparation de biens : cependant la loi (art. 1445) permet aux créanciers de la femme d'intenter cette dernière action avec son consentement; c'est sans doute une protection accordée à la femme menacée dans sa fortune, et qui n'a pas la force d'agir elle-même. Les droits de puissance paternelle reposent sur une idée de protection qui en rend évidemment impossible l'exercice par un tiers.

Il y a doute sur la question de savoir si les actions en réclamation d'état peuvent être exercées par le créancier; nous distinguerons, et déclarerons les créanciers non recevables s'ils viennent élever une réclamation d'état sans intérêt pécuniaire; mais il en sera autrement si elle n'est que l'accessoire d'une autre action; par exemple, d'une pétition d'hérédité. On cite à l'appui de cette doctrine l'opinion de d'Aguesseau (sixième plaidoyer). — Il y a aussi des distinctions à faire sur les actions en nullité de mariage; c'est souvent une protection accordée à la faiblesse ou la sanction d'une autorité méconnue; par exemple, quand il y a vice du consentement ou défaut d'autorisation : dans cette matière spéciale les créanciers ne peuvent alors agir; mais pour les nullités absolues, c'est-à-dire reposant sur le défaut d'âge, la bigamie ou l'inceste, tous ceux qui y ont intérêt peuvent les proposer : ainsi un créancier à qui une femme vient opposer son hypothèque légale pourra prouver la nullité du mariage.

Il y a doute encore sur la question de savoir si un créancier peut exercer les actions en nullité d'obligation dans les cas d'erreur, dol, violence ou incapacité. Cela nous paraît incontestable. C'est en vain qu'on voudrait argumenter de l'article 2012 qui déclare la minorité une exception purement personnelle ; cet article spécial signifie seulement que la caution ne peut opposer les exceptions attachées exclusivement à la personne, à la différence des exceptions réelles qui proviennent d'un vice affectant la dette elle-même, et que toute personne peut opposer. C'est peut-être justement pour valider le contrat fait avec un mineur qu'on a demandé une caution ; mais il n'en est pas de même d'un créancier qui voit son gage lui échapper par un contrat vicieux.

Supposons qu'un mineur ait vendu un immeuble ; devenu majeur il vend le même immeuble à un autre acquéreur, puis il ratifie sa première vente ; cette ratification ne pourra nuire en rien au deuxième acquéreur, il n'aura même pas besoin de prouver la fraude (1338) ; il y a là application des deux articles 1165, 1166 : il fait prononcer la nullité de la première vente pour cause de minorité, et la ratification postérieure est pour lui *res inter alios acta.*

1167. Nous avons vu la loi poursuivre la fraude d'un des contractants, et permettre à l'autre partie de réclamer l'annulation du contrat ; elle vient de même au secours des créanciers que leur débiteur cherche à priver de leur gage légitime, et leur donne le droit de faire révoquer les actes frauduleux. Les créanciers sont encore ici les ayants cause de leur débiteur ; ils agissent encore en vertu des articles 2092, 2093 (V. art. 788). Ils invoquent un droit, non pas actuel, mais ancien de leur débiteur, droit qu'il a frauduleusement aliéné. Le droit des créanciers existe relativement à tous actes ayant trait à des intérêts pécuniaires, son origine vient du droit romain (Inst. l. IV, tit. VI, *De act. ff. quæ in fraudem credit.*), c'est l'action révocatoire ou paulienne, du nom de son auteur. Les créanciers ne pouvaient pas attaquer les actes par lesquels leur débiteur avait manqué d'acquérir, ils ne pouvaient attaquer que ceux par lesquels il s'était dépouillé; il fallait intenter dans l'année l'action révocatoire. L'action paulienne avait passé dans notre ancienne jurisprudence, et même dans tous les cas, soit que le débiteur se fût dépouillé, soit qu'il eût manqué d'acquérir; le Code a aussi admis cette action.

Que faut-il entendre par fraude? On suppose par ce mot que le droit du créancier est antérieur à l'acte dont il se plaint, en outre que l'acte lui est nuisible; il faut donc que cet acte ait rendu le débiteur insolvable, ou ait été fait par un débiteur déjà insolvable, c'est ce que les Romains en cette matière appelaient *eventus* (v. art. 446, C. de Com.). Ne faut-il pas en outre que l'intention du débiteur ait été malveillante, qu'il y ait *consilium*? C'était là la règle du droit romain (l. 79 *ff. De reg. jur.*); il paraît cependant qu'en matière d'affranchissement, certains jurisconsultes exigeaient seulement l'*eventus* (v. l. 10 et 29 *ff. qui et a quib. manumis.*); une trace de ce débat se retrouve aux Instit., § 3, liv. 1, tit. VI : *prævaluisse tamen videtur*, y dit-on; pour que les créanciers puissent attaquer même les donations, il fallait qu'il y ait eu fraude (ff. l. 25, *quæ in fraud.*). On est d'accord en droit français quand il s'agit d'aliénation à titre onéreux: il faut qu'il y ait fraude, *consilium et eventus* de la part du débiteur; mais les avis se partagent pour les aliénations à titre gratuit. Dans un 1er système, le créancier peut attaquer les actes à titre gratuit, par cela seul qu'il y a préjudice, on invoque les art. 622, 788, 1053, 2225. On fait valoir de graves considérations, les créanciers *certant de damno vitando*, et les autres de *lucro captando*. Dans un 2e système, il faut dans tous les cas qu'il y ait fraude du débiteur, qu'il s'agisse d'un acte à titre gratuit ou à titre onéreux; on invoque le droit romain, l'ancienne jurisprudence (Pothier, cout. d'Orléans, n° 67), dont les rédacteurs étaient imbus; aux art. cités on oppose l'art. 1464. Entre ces deux systèmes il en est un 3e que nous croyons devoir adopter, tout en reconnaissant que la matière est délicate. On distingue parmi les actes à titre gratuit, ceux qui consistent en une libéralité, et ceux qui sont relatifs à une simple renonciation; il faut qu'il y ait fraude de la part du débiteur dans le premier cas, il suffit du préjudice dans le second pour faire annuler l'acte; et en effet, voyons les articles déjà cités, 622, 788, 1053, 1338, 2225; tous ils parlent de renonciation, et tous ils la déclarent nulle pour simple préjudice. Remarquons que le mot préjudice ne se trouve que dans ces articles; partout ailleurs il y a le mot fraude, excepté dans un seul article, l'art. 1464, qui se trouve au milieu d'une matière étrangère, et qui par sa combinaison avec l'art. 788 montre qu'il faut lire préjudice. Cette distinction entre la renonciation à un droit et la donation se justifie facilement : il y a une présomption de fraude envers les créanciers. Un débiteur voit une succession qui lui arrive; elle est compliquée, lui occasionnera une longue liquidation, et ensuite ce qu'il en retirera servira à payer ses créanciers : il aime bien mieux refuser, par mauvaise foi ou indolence. N'est-il pas juste de permettre aux créanciers d'accepter sans avoir besoin de faire la preuve difficile de la fraude? Peut-on comparer ce cas avec celui où une personne se dépouille d'un bien qui lui appartient pour le donner à un autre? Et d'ailleurs n'y a-t-il pas dans la donation une vive satisfaction que la renonciation à une succession ou à un usufruit ne procurera jamais? La donation n'assure-t-elle pas la reconnaissance du débiteur? On ne peut donc comprendre ces abdications; il y a toujours au moins un caprice que la loi ne peut encourager, surtout quand il y a des créanciers qui en souffrent. Invoquerons-nous encore les observations du tribunal de cassation? Non, car ce serait une arme à deux tranchants, les articles que demandait ce tribunal ne se trouvant pas dans le Code, sans qu'on sache pourquoi.

Nous venons de voir qu'en principe, même pour les actes à titre gratuit, il faut de la part du débiteur *consilium et eventus*, acte nuisible et intention de nuire, sauf, selon nous, le cas de renonciation à un droit; maintenant est-il nécessaire que les tiers qui ont profité de l'acte frauduleux fait par le débiteur soient complices de la fraude pour que les créanciers puissent attaquer l'acte qui les lèse? En droit romain on distinguait si l'acte était à titre onéreux ou à titre gratuit; dans le premier cas, il fallait complicité, mais non dans le second ; on regardait le créancier comme plus favorable que le donataire (v. l. 6, § 8, ff. *quæ in fraud. cred.* et § 11, eod. — l. 25, § 5, *in fine*, eod. — Pothier, nº 67, cout. d'Orléans, tit. XV). La jurisprudence romaine avait passé dans le droit coutumier, et s'est conservée dans la pratique actuelle. Cette décision est parfaitement juste : la fraude est venue porter atteinte aux droits d'un créancier, il faut autant que possible réparer le dommage ; le donataire mérite moins de faveur, il ne doit sa donation qu'à une faiblesse coupable, ou même au désir qu'avait le donateur de se préparer des ressources pour l'avenir ; mais quand c'est un acquéreur à titre onéreux qui se trouve en présence du créancier, leur position est égale, ils sont tous deux victimes d'une fraude, *in pari causa melior est conditio possidentis ;* on comprend que le créancier reprendrait tous ses droits s'il y avait complicité. Le donataire non complice de la fraude ne sera tenu que *quatenus locupletior factus est :* ainsi il vend de bonne foi, mais à vil prix, l'immeuble qu'on lui a donné, il ne devra que ce prix (art. 1380).

Disons quelques mots sur la législation spéciale qui régit le débiteur failli. Les actes faits par le failli depuis que le jugement déclaratif a été affiché, sont absolument nuls à l'égard de toute personne. Tous actes translatifs de propriété mobilière ou immobilière, à titre gratuit, sont nuls et sans effet relativement à la masse lorsqu'ils ont été faits par le failli depuis l'époque déterminée par le tribunal comme étant celle de la cessation de ses paiements, ou dans les dix jours qui ont précédé cette époque (446, C. de Com.); tous actes du même genre à titre onéreux sont valablement faits dans ces dix jours ; mais si ces actes sont passés par le failli après la cessation des paiments et avant le jugement déclaratif de faillite, ils peuvent être annulés lorsque, de la part de ceux qui ont traité avec le débiteur, ils ont eu lieu avec connaissance de la cessation des paiements (447). Dans les paiements, il faut distinguer ceux faits pour dettes échues et ceux faits par anticipation : ces derniers sont nuls quand ils ont eu lieu depuis l'époque de la cessation des paiements ou dans les dix jours précédents ; les premiers sont valables seulement s'ils ont eu lieu en espèces ou effets de commerce, et si ceux qui ont reçu ne connaissaient pas la cessation de paiement; cette connaissance même ne vicierait pas le paiement fait au tiers-porteur d'un effet négociable.

Tous actes à titre onéreux, autres que ceux dont il a été question jusqu'ici, faits par le failli depuis la cessation des paiements et avant le jugement déclaratif ne sont pas nuls de droit; ils peuvent seulement être annulés si ceux qui ont contracté connaissaient sa cessation de paiement. Quant aux actes antérieurs à cette cessation, et même dans les dix jours précédents, ils ne sont annulables que suivant les règles du droit commun (art. 1167). Le failli a donc pu valablement emprunter pendant cette période, et par suite constituer des hypothèques pour sûreté de cette créance: on ne pouvait le priver du seul moyen qui lui restât peut-être de rétablir ses affaires; mais il n'y avait pas même raison de valider les hypothèques consenties pour sûreté de dettes contractées antérieurement; elles seraient donc nulles et sans effet relativement à la masse.

Revenons au droit commun, et finissons d'expliquer l'art. 1167. Qu'arrivera-t-il si la personne qui a reçu de bonne foi à titre gratuit ou de mauvaise foi à titre onéreux, aliène à titre onéreux au profit d'un tiers de bonne foi? On soutient que le tiers acquéreur peut être attaqué, en s'appuyant sur ce qu'on n'a pu transférer qu'un droit révocable (2125): nous rejetons ce système la personne de bonne foi qui traite à titre onéreux avec le fraudator, n'est pas soumise, de l'aveu de tous, à l'action des créanciers; pourquoi n'en dirait-on pas autant du sous-acquéreur, lui qui a pu bien moins encore connaître le véritable état des affaires du fraudator (voy. l. 9. ff. *quæ in fraud. cred.*)?

Il y a une nature d'actes pour lesquels les créanciers doivent suivre des règles spéciales pour les faire tomber, ce sont les quasi-contrats judiciaires; nous voulons parler des cas où le débiteur s'entend avec la partie adverse pour se faire condamner. Dans ce cas, les créanciers, pour attaquer ce jugement quand il est passé en force de chose jugée, doivent recourir au moyen tout spécial de la tierce-opposition (474 Pro.).

Nous avons dit que le droit du créancier devait être antérieur à l'acte frauduleux : nous considérons le droit du créancier comme une sorte de droit de suite ; il en résulte en principe que les tiers attaqués peuvent exercer un recours contre le débiteur fraudator : ainsi nous admettrons ce recours dans le cas de l'art. 788, car les héritiers du degré subséquent ont en réalité payé ses dettes (voyez art. 2178). Si le tiers était complice de la fraude, on pourrait lui refuser tout recours, en prétendant que sa créance a une cause illicite.

Une autre conséquence non moins importante est celle-ci : les créanciers postérieurs à l'acte frauduleux ne doivent pas profiter de l'action révocatoire exercée par les créanciers antérieurs à la fraude. Cette solution a cependant été contredite, et pour cela on se fonde sur l'art. 2093, qui distribue les biens d'un débiteur entre ses créanciers par contribution. Mais il faut alors supposer que le bien rentre dans le patrimoine du débiteur fraudator, or il n'en est rien ; jamais la convention ne lui profite ; admettre cette doctrine conduirait à ce résultat singulier, que le créancier postérieur non fraudé peut dépouiller le créancier fraudé, s'il a un privilége général ; celui-ci n'aurait fait en ce cas que lui prêter son ministère.

Quelle est la durée du droit des créanciers ? On peut soutenir que c'est dix ans, en regardant l'art. 1304 comme la règle générale ; nous croyons plus conforme aux principes d'adopter le délai de trente ans (art. 2264, C. civ.). L'art. 1304 ne s'applique qu'aux personnes attaquant leurs propres actes, et non aux tiers attaquant les actes d'autrui ; ce serait d'ailleurs éterniser l'action, car les créanciers peuvent très bien ne découvrir la fraude qu'après un temps très long. La prescription de trente ans ne fait pas obstacle à celle de dix ou vingt ans en faveur du tiers-détenteur qui possède avec juste titre et bonne foi. La tierce-opposition durera trente ans, en règle générale. L'art. 882 est remarquable, et dicté par le désir de voir cesser bientôt l'indivision. Le créancier d'un copartageant peut s'opposer à ce qu'il soit procédé à un partage en son absence il peut même sans opposition s'y rendre intervenant à ses frais bien entendu ; mais si le créancier n'est pas intervenu, il ne peut attaquer le partage consommé sous prétexte qu'il est fait en fraude de ses droits; cela ne l'empêcherait pas d'agir du chef de son débiteur, par exemple en cas de lésion, par application alors de l'art. 1166. Ne confondons pas le partage frauduleux avec le partage simulé: si la loi refuse aux créanciers d'attaquer un partage auquel ils ne se sont pas opposés, elle ne leur défend pas de repousser un partage qui n'est que fictif.

Paris. — Imprimerie de Bourgogne et Martinet, rue Jacob, 30.

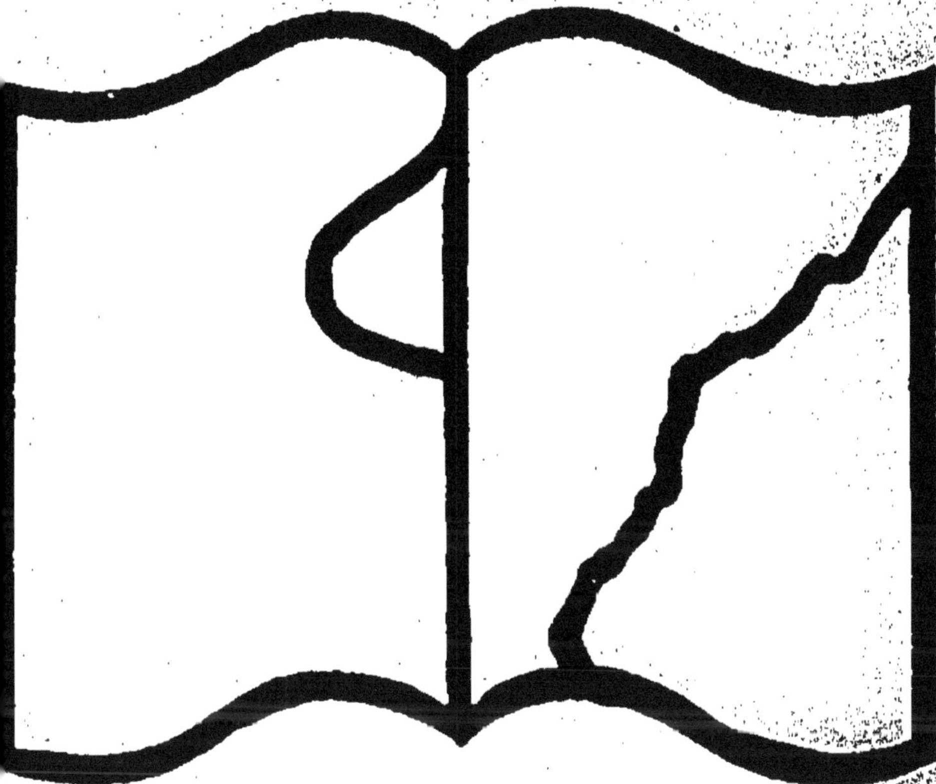

www.ingramcontent.com/pod-product-compliance
Ingram Content Group UK Ltd.
Pitfield, Milton Keynes, MK11 3LW, UK
UKHW031924260826
14628UKWH00003B/1409

9 782016 175934